GTB
Gütersloher Taschenbücher
923

Olaf Stoffel

Geboren 1956, Studium der Soziologie, Psychologie und Pädagogik,
Dr. phil., 17 Jahre Mitglied der Neuapostolischen Kirche, 9 Jahre davon
als Priester, arbeitet heute therapeutisch und pädagogisch im Schul- und
Hochschulbereich. Er lebt mit seiner Familie in Heppenheim.

Von Olaf Stoffel ist im Gütersloher Verlagshaus bereits erschienen:
Angeklagt: Die Neuapostolische Kirche. Erfahrungen eines Aussteigers,
Gütersloh 1999.

Olaf Stoffel

Der Griff
nach der Seele

Wege aus religiöser
Abhängigkeit

Gütersloher Verlagshaus

Originalausgabe

Die Deutsche Bibliothek – CIP-Einheitsaufnahme

Stoffel, Olaf:
Der Griff nach der Seele : Wege religiöser Abhängigkeit /
Olaf Stoffel. – Gütersloh: Gütersloher Verl.-Haus, 1999
 (Gütersloher Taschenbücher ; 923)
 ISBN 3-579-00923-0

ISBN 3-579-00923-0
© Gütersloher Verlagshaus, Gütersloh 1999

Umschlaggestaltung: INIT, Bielefeld, unter Verwendung eines Fotos
© Rainer Binder Photo Conceptions International, München
Satz: Weserdruckerei Rolf Oesselmann GmbH, Stolzenau
Druck und Bindung: Clausen & Bosse, Leck
Gedruckt auf chlorfrei gebleichtem Werkdruckpapier
Printed in Germany

Inhalt

Vorwort

Immer wieder geraten Menschen in eine psychische Abhängigkeit von religiösen Gruppierungen. Die Namen sind austauschbar: Neuapostolische Kirche, Zeugen Jehovas, Mormonen, Universelles Leben, Mun-Bewegung usw. Gemeinsames Merkmal aller Gruppen ist es, daß sie Menschen krank machen können, indem sie diese an sich binden und religiös mißbrauchen.

Auch ich habe in der Neuapostolischen Kirche religiöse Abhängigkeit und Mißbrauch erlebt. In 17 Jahren aktiver Mitgliedschaft machte ich immer wieder die gleiche Erfahrung: Ich werde wegen meiner Leistungen (z. B. Mitgliederwerbung oder Durchführen der Sonntagsschule), die ich für die Neuapostolische Kirche erbringe, geschätzt, aber niemals als Person mit meinen Stärken und Schwächen liebevoll angenommen. Alles hatte ich getan für das »Werk des Herrn«, wie die Neuapostolische Kirche sich gern intern selbstgefällig tituliert. Mindestens vier, manchmal fünf Abende pro Woche arbeitete ich für das »Erlösungswerk Gottes«, lud Außenstehende zu Mitgliederwerbeveranstaltungen ein, führte als Priester Gottesdienste für Erwachsene durch und besuchte während der Woche abends die mir anvertrauten Gläubigen. Diese »Nebentätigkeit« war so umfangreich wie die Arbeit, mit der ich meine Familie ernähren mußte. Zwölf Jahre lang stand ich in »blinder Nachfolge« zum religiösen System, vertrat fanatisch die »exklusive Endzeitlehre« und fühlte mich »auserwählt von Gott« und »zu Höherem berufen«. Die restlichen fünf Jahre benötigte ich, um allmählich zu erwachen und zu begreifen: Ich werde benutzt und mißbraucht für die Ziele einer Gemeinschaft, die sich als religiöse Elite fühlt.

Gesucht hatte ich einen liebenden, nachsichtigen und mit mir geduldigen Gott. Den gab es allerdings in der Neuapostolischen Kirche nicht. Dort war er streng und strafend. Er versprach mir nur dann Gnade und Erlösung, wenn ich die Gebote der Neuapostolischen Kirche exakt einhielt und bekannte, daß nur die Neuapostolen in den Himmel kommen. Dieser Gott war gnadenlos. Jede Abweichung von der Lehre der Neuapostolischen Kirche ahndete er unerbittlich, indem er Scham- und Schuldgefühle in mir hervorrief und drohte, mir seine Liebe zu entziehen, wenn ich mich ihm nicht völlig hingab. Fast zwei Jahrzehnte hatte ich mich dem grausamen Diktat dieses Gottes gebeugt, bis ich begann, ihn zu hinterfragen.

Zunächst hatte ich große Angst, ihn zu demaskieren, denn ich rechnete damit, daß er mich dafür hart sanktionieren würde. Als meine Frau nach unserem Austritt aus der Neuapostolischen Kirche schlechte Erfahrungen machen mußte mit einem Mann, der erst scheinbarer Freund, dann »Wolf im Schafspelz« war, schien sich meine Befürchtung einer »göttlichen Strafe« zu bewahrheiten. Allmählich aber wuchs die Erkenntnis, daß Gott so nicht sein konnte, wie er mir Tag für Tag vermittelt wurde. Diese neue Sichtweise entlastete mich, weil man mir mit dem Gott der Neuapostolischen Kirche nicht mehr drohen konnte.

Die Konfrontation mit mir selbst aber stand mir noch bevor. Um seelisch gesund zu werden, mußte ich verstehen lernen, weshalb ich in religiöse Abhängigkeit geraten war und wie es möglich wurde, daß ich zur Marionette eines totalitären Systems degradieren konnte. Ich lernte Schritt für Schritt, meine tiefsitzenden Ängste zu identifizieren und mit ihnen umzugehen.

Diese Reise in das eigene Innenleben erforderte Mut und war zunächst belastend. Viele persönliche Eigenschaften, die ich jetzt an mir entdeckte, wollte ich zunächst nicht wahrhaben. Je mehr es mir aber gelang, mich selbst zu akzeptieren, desto freier wurde ich innerlich. Es kam der Zeitpunkt, an dem ich lernte, mir selbst zu vertrauen und mich anzunehmen. Vor Handlungen und Entscheidungen wartete ich nicht mehr auf »himmlische Zeichen«, die mir das Wohlwollen des Gottes der Neuapostolischen Kirche signalisieren sollten, sondern wurde selbst zum Akteur meines Lebens.

Der vorliegende Ratgeber beschreibt Wege zur Erkennung und zur Heilung religiöser Abhängigkeit, die ich sowohl aus der persönlichen Erfahrung heraus als auch aus meiner langjährigen therapeutischen Arbeit mit Betroffenen entwickelt habe.

Heppenheim, im Mai 1999   *Olaf Stoffel*

Die Entstehung religiöser Abhängigkeit

Die christliche Religion und auch andere Glaubenssysteme können Menschen innerlich befreien. Die Gewißheit, in Gott geborgen zu sein und unter seinem Schutz zu stehen, schenkt z. B. dem gläubigen Christen Lebensglück und nimmt bzw. reduziert die Angst vor dem Tod. Der Gottgläubige weiß, daß sein Leben dazu dienen soll, ihn zu Gott hinzuführen. Dadurch entsteht Lebenssinn, der Halt und Sicherheit vermittelt. Was immer auch geschieht, der religiöse Mensch weiß, daß alles in Gottes Hand liegt und Gott ihm immer und aus jeder Situation helfen kann, weil er allmächtig ist. Dieses Vertrauen in einen den Menschen liebenden und sich seiner Person annehmenden Gott beschreibt Dietrich Bonhoeffer:

> Worin kann »das Herz fröhlich sein« außer in der täglichen Gewißheit, daß Gott unser lieber Vater und Jesus Christus unser Erretter ist! Womit können wir den Heiligen Geist mehr betrüben, als daß wir traurigen Gedanken nachhängen und uns nicht ganz zuversichtlich seiner Leitung, (...) seinem Trost anvertrauen.[1]

Darüber hinaus kann Religion bewirken, daß Menschen gemeinschaftsfähig werden, d. h. zum Beispiel Nächstenliebe entwickeln, Verantwortung für andere übernehmen und fähig sind, mit anderen Leid und Kummer zu teilen.

Andererseits geht die christliche Religion von der Vorstellung einer Ursünde des Menschen aus. Der Mensch ist von Geburt an ein »Mängelwesen«, behaftet mit tiefer Schuld gegenüber Gott. Für »wohlgefälliges Verhalten« kann ihm Gnade widerfahren, d. h. Gott ermöglicht dem Gläubigen den Weg zur Erlösung. Andererseits droht »ewige Verdammnis«. Dominiert in einer religiösen Gemeinschaft ein solches Gottesbild, so sind damit für die Mitglieder der jeweiligen religiösen Gemeinschaft negative Folgen verbunden. Der Betroffene lebt in ständiger Angst, in Ungnade gegenüber Gott zu fallen und auf ewig verdammt zu werden. Über das soziale Umfeld (z. B. Elternhaus, Partner, Gemeindemitglieder, Geistliche) wird er immer wieder implizit oder explizit daran erinnert, daß er ohne das Wohlwollen Gottes für immer verdammt und verloren ist.

Im Laufe der Erziehung wird dieses Gottesbild verinnerlicht und zum Bestandteil der eigenen Person. Irgendwann ist es dann gar nicht mehr erforderlich, daß wir von Priestern, Pfarrern oder anderen Personen darauf hingewiesen werden, daß wir gegenüber Gott schwach, klein, hilflos, unrein, verdorben seien und nur durch Unterwerfung seine Gnade erhalten können. Wir haben dieses Wissen um unsere »Schlechtigkeit« gespeichert in einer inneren moralischen Instanz, dem »Über-Ich«, wie Sigmund Freud, der Begründer der Psychoanalyse, es nannte. Das Über-Ich ist unser Gewissen, das – gleich einem inneren Zensor – unser Handeln bestimmt, ohne daß wir explizit auf unsere defizitäre Stellung gegenüber Gott hingewiesen werden müßten. Ein innerer Zwang entsteht, Gott zu gefallen, für ihn zu arbeiten, um ihn gnädig zu stimmen. Die Angst, von Gott verlassen zu werden, der uns ja zu Recht, da wir Sünder sind, verstoßen könnte, ist mächtig. Eine religiöse Abhängigkeit zu dem religiösen System, mit dem wir uns identifizieren, entsteht, die Leo Booth folgendermaßen definiert:

> Religiöse Abhängigkeit setzt die absolute, blinde und unkritische Übernahme einer Reihe von Lehren voraus. Auf deren Grundlage wird im Namen Gottes Mißbrauch begangen. Die Schlüsselbegriffe sind: Angst, Scham, Macht und Kontrolle.[2]

Wie entsteht nun diese Angst, von Gott verlassen zu werden, und der daraus resultierende Zwang, sich Gottes Liebe durch Leistung erarbeiten zu *müssen*? Auf diese Fragen wird im nächsten Kapitel ausführlich eingegangen.

Die Grundformen der Angst nach Fritz Riemann

Der Psychoanalytiker Fritz Riemann beschreibt in seinem Buch *Grundformen der Angst*[3] vier Angstdispositionen, die sich in einem Schaubild folgendermaßen darstellen lassen:

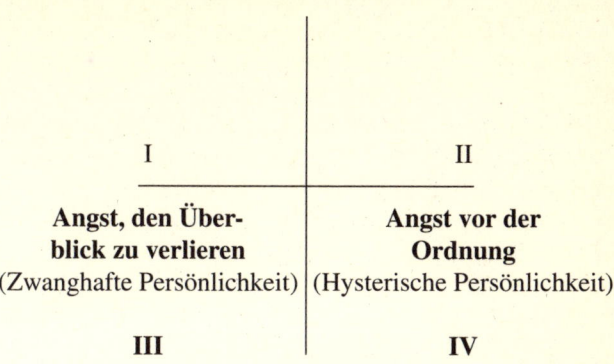

Angst vor Nähe
(Schizoide Persönlichkeit)

I	II
Angst, den Über-blick zu verlieren (Zwanghafte Persönlichkeit)	**Angst vor der Ordnung** (Hysterische Persönlichkeit)
III	IV

Angst, verlassen zu werden
(Depressive Persönlichkeit)

Je nachdem, welche Angst bei einem Menschen besonders stark ausgeprägt ist, entwickelt er eine bestimmte Persönlichkeitsstruktur. Wer Angst hat, verlassen zu werden, entwickelt sich häufig zu einem depressiven Menschen, und Angst vor Nähe fordert die Entwicklung schizoider Persönlichkeitsmerkmale. Menschen, die Angst haben, den Überblick zu verlieren, neigen häufig zu zwanghaftem Verhalten. Angst vor der Ordnung kann dazu führen, daß Menschen hysterisch werden.

Erschrecken Sie bitte nicht über die psychologischen Fachbegriffe »schizoid«, »hysterisch«, »depressiv« und »zwanghaft«. Diese bezeichnen *keine* psychische Erkrankung, vielmehr beschreiben sie Eigenschaften, die *jeder* Mensch unterschiedlich ausgeprägt besitzt.

Je nachdem, welche von den 4 Angstdispositionen ein Mensch aufweist, hat dies Konsequenzen im Hinblick darauf, wie er die Welt wahrnimmt und mit sich und anderen umgeht. Im folgenden werden zunächst die jeweiligen Menschentypen mit ihren spezifischen Ängsten näher erläutert. Darauf aufbauend wird dann im nächsten Schritt der Zusammenhang zwischen den jeweiligen Ängsten und religiösem Mißbrauch bzw. religiöser Abhängigkeit hergestellt.

Die schizoide Persönlichkeit

Der schizoide Mensch sucht eine große Distanz zu anderen Menschen, er besitzt, so Riemann, eine »große seelische Empfindsamkeit«[4]. Diese zum Teil genetisch bedingte, aber auch durch das soziale Umfeld hervorgerufene übergroße Sensibilität gegenüber Reizen aus der Umwelt kann auf Dauer nicht verkraftet werden und führt dazu, daß man den Kontakt zu anderen Menschen meidet, wann immer dies möglich ist. Menschen mit schizoider Persönlichkeit haben intensivere und feinere Sinneswahrnehmungen als viele andere. Sie spüren meist sofort jede Form noch so subtiler Ablehnung ihrer eigenen Person gegenüber, jede Belastung, die von einer anderen Person ausgeht.

Wie kommt es zu einer solchen Persönlichkeitsstruktur? In früher Kindheit macht der schizoide Mensch die schmerzhafte Erfahrung, von den Eltern bzw. Bezugspersonen nicht oder zu wenig geliebt zu werden. Er kann kein Vertrauen zu den Eltern entwickeln, weil diese sich von ihm emotional fernhalten. Diese tiefgehende Kränkung ist so schmerzhaft, daß im späteren Leben möglichst alle Situationen vermieden werden, in denen der schizoide Mensch Gefühle für andere entwickeln könnte. Die Angst, wieder, wie damals von den Eltern, zurückgewiesen zu werden, ist mächtig und sitzt tief im Unterbewußtsein. Daher setzt der Schizoide all seine Ressourcen ein, um autark gegenüber anderen zu sein. Nähe macht ihm Angst, gleichzeitig sehnt er sich unbewußt danach. Der Schizoide sieht im anderen häufig einen Aggressor, der ihn mit seinen Botschaften verletzen will. Erfährt der Schizoide z. B. Lob und Anerkennung, kann er diese Form von Zuwendung häufig nicht annehmen. Vielmehr interpretiert er diese in vielen Fällen als ironisch gemeinte Botschaft, die ihn verletzen soll. Das durchweg negative Selbstbild verhindert bei schizoiden Menschen meist einen konstruktiven und spannungsfreien Umgang mit der Umwelt.

Die Vielzahl der vom schizoiden Menschen zu bearbeitenden Reize führt zu Überforderungen. Um psychisch überleben zu können, wird die Distanz gesucht. Dadurch wird eine Art »Reizfilter« hergestellt, der die Funktion erfüllen soll, vor Verletzungen durch die Umwelt zu schützen. Wer dem schizoiden Menschen zu nahe kommt, wird als massive Bedrohung empfunden, denn durch Nähe wurde der Distanz suchende Mensch verletzt.

Die depressive Persönlichkeit

Die depressive Persönlichkeit hat Sehnsucht nach Nähe, nach völliger Geborgenheit bei einem fürsorglichen Menschen. Riemann schreibt:

> Sie sind mehr als andere auf einen Partner angewiesen. Sei es durch ihre Liebesfähigkeit und Liebesbereitschaft, sei es durch ihr Bedürfnis nach Geliebtwerden (...) »Ich brauche dich, weil ich dich liebe« und » Ich liebe dich, weil ich dich brauche«.[5]

Die Distanz, die der schizoide Mensch als Überlebensstrategie einsetzt, quält den depressiven Menschen. Er möchte gerade den trennenden Abstand zwischen sich und dem Du aufheben, mit dem Partner symbiotisch verschmelzen. Jede Entfernung, jede Trennung vom Partner ist stark angstbesetzt. Die depressive Persönlichkeit wird alles versuchen, den Abstand zu anderen gering zu halten. Alleingelassen sein, verlassen werden, auf sich selbst vertrauen zu müssen, bedeutet für die depressive Persönlichkeit eine »innere Apokalypse«. Man hält diesen Zustand nicht lange aus, braucht Abhängigkeit, um sich sicher zu fühlen. Eine Variante besteht darin, eine andere Person von sich abhängig zu machen. Bei der zweiten Strategie verhält man sich kindlich-regressiv, abhängig, um »Schutzinstinkte« bei anderen zu aktivieren und so ihre Fürsorge zu erhalten.

Wie entwickelt sich eine depressive Persönlichkeit? Riemann nennt zwei grundlegende Möglichkeiten:

1. Das Kind wird von seiner Mutter überbehütet, die »aus unbewußter Verlustangst und Lebensängstlichkeit oder aus Angst vor Lie-

besverlust«[6] das Kind verwöhnt. Das Kind wird nicht »losgelas-sen« und an seiner psychischen Entwicklung gehindert. Das kör-perliche und geistige Wachstum des Kindes ist für die Mutter eine massive Bedrohung. Sie versucht aufgrund ihrer eigenen depres-siven Persönlichkeitsstruktur mit allen Mitteln, wie z. B. mit Bot-schaften wie »Die Welt da draußen ist böse, ich muß alles für dich regeln«, das Kind an sich zu binden, um keine Trennung zwi-schen sich und ihm aufkommen zu lassen.

2. Bei der anderen Konstellation hat die Mutter das Kind nicht ge-wollt bzw. lehnt es aus bestimmten Gründen ab und empfindet feindselige Gefühle dem Kind gegenüber. Diese Haltung ruft in der Mutter Schuldgefühle hervor. Sie verlangt von sich, »weil sich das so gehört«, eine gute Mutter zu sein. Das Kind wird z. B. mit materiellen Gütern verwöhnt, erhält aber keine echte Zuwendung. Es spürt die innere Ablehnung der Mutter.

> Da es sich noch nicht wehren und seine Bedürfnisse ausdrücken kann, nimmt das Kind allmählich resignierend die Welt hin, wie sie ist, stellt sich darauf ein, daß offenbar nicht mehr zu erwarten ist.[7]

Diese Wahrnehmung von der Welt läßt bei depressiven Menschen ein Gefühl der Hoffnungslosigkeit aufkommen. Man glaubt weder an sich selbst noch an eine positive Zukunft. Der Depressive ent-wickelt die Grundhaltung, daß er die Welt ertragen muß. Freude und Spaß am Leben kennt er meist nicht. Er ist ein absoluter Pes-simist:

> Der Depressive ist der Trabant eines anderen, oder er macht die-sen zu seinem Trabanten. So lebt er ein gleichsam mondhaftes, echohaftes, nur zurückspiegelndes Leben, oder er drängt es dem anderen auf.[8]

Menschen mit depressiver Persönlichkeitsstruktur haben Angst da-vor, eine eigene Persönlichkeit zu entwickeln, denn je ausgepräg-ter diese ist, um so mehr unterscheiden wir uns von anderen und um so weniger Gemeinsamkeiten gibt es. Die Grunderfahrung, ver-lassen, zurückgewiesen worden zu sein, bestimmt sein Handeln entscheidend, und er setzt alles daran, möglichst nie wieder in eine solche schmerzhafte Situation zu kommen.

Zwanghafte Menschen haben eine starke Sehnsucht nach Sicherheit. Sie meiden jede Form des Risikos oder der Veränderung. Angst vor Vergänglichkeit zeichnet sie aus:

> Sie gleichen jenem Mann, der erst ins Wasser gehen wollte, wenn er schwimmen konnte – sie sind sozusagen die Trockenkursler des Lebens.[9]

Zwanghafte Persönlichkeiten versuchen das Alte festzuhalten, dadurch wächst die Angst vor Vergänglichkeit. Sie können nur schwer verkraften, daß etwas oder jemand sich ihrer Macht entzieht, nicht durch ihren Willen kontrollierbar ist. Der zwanghafte Mensch kann nicht akzeptieren, daß es keine absoluten Werte gibt, keine unveränderlichen Prinzipien und daß nicht alles im voraus kalkuliert werden kann. Er ist der Auffassung, alles in ein System pressen zu können, um so völlige Überschaubarkeit herzustellen. In der Partnerschaft möchte man dem anderen vorschreiben, wie er zu sein hat. Weicht der Partner vom »gewohnten Verhaltensspektrum« ab oder erwirbt neue Verhaltensweisen, evoziert dies starke Ängste.

> Absicherung gegen alles, was nicht sein darf, was man vermeiden will, wird für den zwanghaften Menschen zum wichtigsten Lebensprinzip (...)[10]

Menschen mit zwanghafter Persönlichkeit machten die Erfahrung, daß Liebe etwas Bedrohliches ist. Aus diesem Grund versuchen sie, ihre Gefühle in der Hand zu behalten, können sich ihnen nur schwer überlassen und haben für die des Partners kaum Verständnis. Der Zwanghafte möchte aus Machtgründen den Partner von sich abhängig machen, ihn nach seinem Willen formen.

Wie entwickelt sich eine zwanghafte Persönlichkeitsstruktur? In der Kindheit erfährt der zwanghafte Mensch oft massive Einschränkungen. Häufig wird von ihm jede Spontanität, jede Äußerung gesunden Eigenwillens von der Mutter/den Eltern verhindert. Eigene Impulse, die Umwelt gestalten und verändern zu wollen, werden rigide unterdrückt. Schon sehr früh muß der Zwanghafte sich an ein enges Werte- und Normenkorsett halten, das keinen Spielraum für Kreativität zuläßt. Gegenwirkende Erziehungsmaßnahmen wie Tadel, Drohung oder Strafe unterdrücken jeglichen Versuch, sich autonom mit der Umwelt auseinanderzusetzen und sie zu verändern. Schon minimale Abweichungen von den familiären Normen und Anforderungen bewirken eine elterliche Bestrafung. So wird gelernt, möglichst alles richtig machen zu müssen, denn alle »Verfehlungen« bewirken sofort harte Ablehnung und Entzug von Zuwendung. Die unausgesprochene Botschaft der Eltern »Du bist nur das wert, was du leistest« wirkt als innerer Auftrag das ganze Leben hindurch. Um nicht angreifbar zu sein, wird der zwanghafte Mensch oft sowohl im Hinblick auf das Arbeits- als auch das Privatleben zum Perfektionisten und mißt auch andere an seinen eigenen hohen Ansprüchen.

Die hysterische Persönlichkeit

Die hysterische Persönlichkeit hat die Angst vor dem Unveränderbaren, Unausweichlichen. Im Gegensatz zu der zwanghaften Persönlichkeit wird nach Freiheit, nach Veränderung und Neuem gestrebt:

> (...) sie leben nach dem Motto »einmal ist keinmal« – das heißt, nichts ist letztlich verbindlich und verpflichtend, nichts hat Anspruch auf ewige Gültigkeit. Für sie soll alles relativ, lebendig und farbig bleiben – nur die Gegenwart, der Augenblick ist wichtig.[11]

Allgemeingültige, verbindliche Ordnungen erlebt der Hysterische als massive Einengung. Nichts zählt mehr als der Augenblick. Es geht um die schnelle Bedürfnisbefriedigung aktueller Wünsche ohne Rücksicht auf mögliche Folgen. Zeitplanung, Zeitstrukturierung und Pünktlichkeit sind dem hysterischen Menschen lästig, erscheinen als pedantisch und kleinlich. Ethische und moralische Prinzipien sind für die hysterische Persönlichkeit nicht verbindlich, weil sie einengend wirken. Hysterische Menschen werden oft von Platz- und Straßenangst geplagt oder von Tierphobien. Diese Ängste sind Verschiebungen der eigent-

16

lichen Angst auf Nebensächliches. Die »Urangst« vor Freiheits-
beschränkung wird dadurch beiseite geschoben. Der hysterische
Mensch benötigt den Partner als Spiegel, in dem er sich selbst
als liebenswert gespiegelt sehen will. Die grandiose Eigenliebe
bedarf immerwährender Bestätigung.

Wie kommt es zur Bildung der hysterischen Persönlichkeit? In
der Kindheit fehlen der hysterischen Persönlichkeit Vorbilder,
die ihnen Verhaltenssicherheit, einen klaren Bezugsrahmen geben. Sinnvolle Orientierungen gibt es nicht, statt dessen dominiert ein chaotisches, regelloses Milieu. Einmal wird das Kind
für ein bestimmtes Verhalten bestraft, dann beim nächsten Mal
dafür belohnt oder es gibt gar keine elterliche Reaktion. Dem
Kind ist es nicht möglich, in sich eine innere Ordnung und Struk-
tur herzustellen. Das äußere (familiäre) Chaos wird verinnerlicht
und Bestandteil der eigenen Persönlichkeit.

> Das zentrale Problem hysterischer Persönlichkeiten ist also, daß
> sie die Identität mit sich selbst nicht gefunden haben.[12]

Hysterische Menschen sind rastlos, immer auf der Suche nach neu-
en Reizen, nach Veränderungen. Von Neuem versprechen sie sich
das große Glück und erkennen nicht, daß sie durch ihre permanente innere Unruhe sich selbst hinterherlaufen und ein von sich
entfremdetes Leben führen.

Der Zusammenhang zwischen den Grundformen
der Angst und religiöser Abhängigkeit

Jeder Mensch hat im Laufe seines Lebens irgendwann einmal
Angst. Angst kann ein sehr sinnvoller, ja überlebenswichtiger
Mechanismus sein. Stellen Sie sich einmal vor, Sie überqueren
bei Grün die Straße. Ein Autofahrer mißachtet das Haltegebot
und fährt mit hoher Geschwindigkeit auf Sie zu. Sie bekommen
Angst, die Ihnen die Energie gibt, schnell zu reagieren, damit
Sie nicht schwer verletzt oder getötet werden. Wird die Angst
allerdings zum »Lebenskonzept«, d.h. ist sie unser ständiger
Begleiter, hat sie verheerende Wirkungen für das seelische und

körperliche Wohlbefinden. Diese negativen Folgen wurden weiter oben beschrieben. Vielleicht haben Sie bei der Auseinandersetzung mit den vier Angstformen einen Bezug zu sich herstellen können. Damit wurde dann ein erster wichtiger Schritt vollzogen. Falls nicht, arbeiten Sie bitte das Kapitel noch einmal durch und überlegen Sie, mit welchen Ängsten Sie am stärksten konfrontiert werden.

Betrachten wir einmal die Glaubenssätze bzw. die Lebenseinstellungen der vier Persönlichkeitstypen:

Persönlich-keitstypus	Lebenseinstellung
Zwanghaft	»Es muß alles bleiben, wie es ist.«
Depressiv	»Ich habe Angst, ich selbst zu werden.«
Schizoid	»Ich darf mich von niemandem abhängig machen.«
Hysterisch	»Es darf nichts bleiben, wie es ist.«

Mit welcher dieser Lebenseinstellungen können Sie sich identifizieren bzw. konform gehen?
Machen Sie dazu eine kleine Übung. Zeichnen Sie bitte das Schaubild auf der Seite 19 ab und betrachten Sie zunächst die vertikale Linie des Kreuzes Distanz – Nähe. Versuchen Sie dann sich einzuordnen, ob Sie eher ein Mensch sind, der Distanz sucht oder Nähe. Haben Sie sich z. B. dafür entschieden, daß Sie Nähe in sehr starkem Maße benötigen, so kennzeichnen Sie dies durch eine Markierung am Ende der Linie, an der das Wort Nähe steht.

Beispiel:

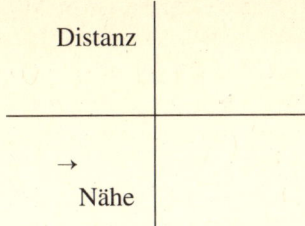

Distanz

→
Nähe

Sind Sie der Auffassung, daß beide Ängste gleichwertig vertreten sind, so wird der Pfeil etwa in der Mitte liegen an dem Punkt, an dem sich beide Geraden kreuzen.

Richten Sie Ihr Augenmerk jetzt auf die waagerechte Linie Ordnung – Chaos. Welche dieser beiden Ängste ist bei Ihnen stärker ausgeprägt? Verfahren Sie nun genauso wie weiter oben beschrieben, indem Sie sich einordnen.

Beispiel:

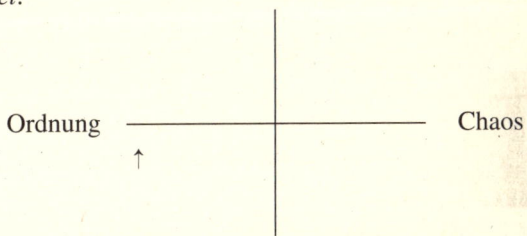

Ordnung ———————— Chaos

↑

Sie haben jetzt 2 Punkte auf dem Kreuz markiert und Ihre Angstdispositionen identifiziert. Vielleicht sind Sie auch noch unsicher und können sich im Moment nicht einordnen. Das sollte Sie nicht belasten. Lesen Sie bitte einfach weiter und führen Sie die Übung zu einem späteren Zeitpunkt durch.

Menschen mit bestimmten Angstdispositionen sind eher von religiösem Mißbrauch und religiöser Abhängigkeit betroffen als andere. Woran liegt das? Religion erfüllt ganz allgemein neben der Sinn- auch eine Ordnungsfunktion. Sie regelt das Zusammenleben der Menschen (siehe z. B. die 10 Gebote). Zudem ist ihr zumindest im Christentum die Vorstellung von einem Überordnungs-/

Unterordnungsverhältnis (Allmächtiger Gott – ohnmächtiger Mensch) immanent.[13] Diese Strukturprinzipien können dem Gläubigen Geborgenheit und Lebenssinn in einer ständig sich wandelnden und oft auch bedrohlichen Welt geben. Wird ein Sinnsystem verabsolutiert, verliert es seinen befreienden Charakter. Ein Klima der Angst entsteht, in dem Fanatismus, Intoleranz gegenüber Andersgläubigen und Realitätsentfremdung gedeihen.

Religiöse Gruppierungen, in denen religiöser Mißbrauch stattfindet, weisen meist folgende Merkmale auf:[14]

– *Elitebewußtsein*
Nur wir kennen den Weg zur Erlösung. Alle anderen Religionen führen von Gott weg, sie sind Teil eines diabolischen Systems.

– *Messias/Guru/Heilsbringer/Prophet*
Ein von Gott gesandter Führer begleitet uns durch das Leben und gibt uns göttlich inspirierte Anweisungen, deren Befolgung erforderlich ist, um die Seligkeit zu erlangen.

– *Absolute Heilsgewißheit*
Wir wissen, daß wir im Besitz der alleinigen Wahrheit sind, denn Gott hat uns dies durch Zeichen und Wunder wissen lassen.

– *Enge Verbundenheit der Gläubigen untereinander*
Wir sind alle füreinander da und helfen uns gegenseitig. Besteht die Gefahr, daß jemand von uns vom Weg der Erlösung abkommt, so helfen wir ihm, daß er wieder auf den »rechten Pfad« zurückfindet.

– *Missionsauftrag*
Gott hat uns exklusiv dazu beauftragt, die Menschen auf das kommende Verderben aufmerksam zu machen und ihnen zu sagen, wie sie errettet werden können.

– *Machtanspruch*
Gott hat uns die Macht gegeben, das Teuflische in der Welt zu besiegen und auch eine Gottesherrschaft (Theokratie) überall auf der ganzen Welt, in jedem Land einzurichten.

- *Eine göttlich inspirierte Sprache*
  Wir haben eine eigene Sprache, mit der wir uns nach außen hin
  von der feindseligen Welt abgrenzen. Diese durch Gott geheiligte Sprache kann nur der Auserwählte verstehen.

- *Die gute und die böse Welt*
  Gott hat uns die Augen für die eine Wahrheit geöffnet. Wir wissen, daß wir die Guten sind und handeln danach. Die Welt da
  draußen ist durchweg schlecht und verdorben. Von ihr halten
  wir uns fern.

- *Eine klare Ordnung*
  Anders als in der Welt ist bei uns alles klar geregelt. Wir haben
  unsere spirituellen Führer, die uns auf dem Weg zu Gott weiterhelfen, sowie klare Zielvorgaben und Arbeitsanweisungen.

- *Der völlige Einsatz für die Sache Gottes*
  Unseren ganzen Besitz (Geld, immaterielle Güter) und unsere
  Arbeitskraft, ja unser Leben setzen wir ein, um Gott bei seiner
  Arbeit zu unterstützen. Wir kämpfen gegen die Feinde Gottes
  im Bewußtein, daß er uns zum Sieg verhelfen wird.

Vielleicht sind Sie im Moment Mitglied einer Gruppierung, auf die
diese Kennzeichen überwiegend oder ganz zutreffen, oder Sie haben den Ausstieg schon hinter sich gebracht. Welche Bedeutung
haben nun diese Merkmale? Greifen wir die Frage, welche Persönlichkeitstypen möglicherweise besonders anfällig sind für religiösen Mißbrauch und religiöse Abhängigkeit, wieder auf. Schizoide
Menschen suchen Unabhängigkeit von anderen und hysterische ertragen keine festen Regeln oder Vorgaben. Sie suchen permanent
nach Veränderung. Depressiven und zwanghaften Menschen kommen die aufgezählten Merkmale entgegen. Erinnern wir uns: Der
Depressive hat Angst, verlassen zu werden und sich von seinen Mitmenschen abzugrenzen. Der Zwanghafte braucht einen engen, überschaubaren Rahmen, um sich wohlzufühlen. Er möchte, daß alles
so bleibt, wie es ist. Destruktive religiöse Gruppierungen greifen
genau diese Ängste auf, um Menschen an sich zu binden. Der de-

pressive Mensch, der sowieso nichts von sich hält, erfährt z.B. eine Aufwertung seiner Person, wenn er auf einmal zur »Elite« der Menschheit gehört, Geborgenheit findet in der »Verbundenheit der Gläubigen untereinander«, einen »Messias« kennt, der als Elternersatz fungiert und Sicherheit gibt. Der zwanghafte Mensch bekommt die so ersehnten klaren Strukturen angeboten wie z. B. die »absolute Heilsgewißheit, den »Messias«, »die gute und die böse Welt« oder die »klare Ordnung«. Erinnern Sie sich noch an Ihren Test? Vielleicht haben Sie an dieser Stelle aufgrund der zusätzlichen Informationen noch mehr Klarheit gewonnen über Ihre Angstdispositionen.

Folgendes Schaubild verdeutlicht den Zusammenhang zwischen den Merkmalen problematischer religiöser Gruppen und ihrer Attraktivität für depressive bzw. zwanghafte Menschen:

Merkmale	Depressiver Mensch	Zwanghafter Mensch
Elitebewußtsein	++	+
Messias/Guru/Heilsbringer/ Prophet/	++	++
Absolute Heilsgewißheit	+	++
Enge Verbundenheit der Gläubigen untereinander	++	+
Missionsauftrag	+	++
Machtanspruch	+	++
Eine göttlich inspirierte Sprache	+	+
Die gute und die böse Welt	+	++
Eine klare Ordnung	+	++
Der völlige Einsatz für die Sache Gottes	++	++

Erläuterung:
+   bedeutet, daß der betreffende Mensch sich von diesem Merkmal angesprochen fühlt
++ bedeutet, daß der betreffende Mensch sich von diesem Merkmal besonders angesprochen fühlt

An dieser Stelle ist eine wichtige Ergänzung nötig. Die jeweiligen Angstdispositionen kommen nicht in Reinform vor, d. h. es gibt nicht nur Menschen mit depressiven, zwanghaften, hysterischen oder schizoiden Zügen. Vielmehr ist jede Angstform im Individuum präsent. Auf alle Zusammenhänge kann hier im einzelnen nicht eingegangen werden. Deswegen konzentrieren wir uns auf die Verbindung zwischen der Angst, verlassen zu werden (depressiver Aspekt), und der Angst, den Überblick zu verlieren (zwanghafter Aspekt).

Stellen Sie sich einmal vor, ein kleines Kind erfährt nur wenig Zuwendung, Liebe und Anerkennung von seinen Eltern und erlebt auch seine Umwelt als kalt und abweisend. Dann kann dies irgendwann zu einer großen inneren Verzweiflung führen. Peter Schellenbaum schreibt dazu:

> Es gibt Menschen, bei denen die Wunde der Ungeliebten so alt und so tief ist, daß sie die ganze seelische Persönlichkeit in Brand setzt (...)[15]

Um psychisch nicht zu verkümmern, muß das Kind eine Überlebensstrategie entwickeln. Es erfolgt, um Beachtung zu finden, eine durch seine große Ängstlichkeit hervorgerufene Überanpassung an die Verhaltenserwartungen und Anforderungen seiner Umwelt. So entwickelt sich aus der Urangst, von niemandem geliebt zu werden und allein zu sein, die Angst, den Überblick zu verlieren. Das Kind definiert sich zunehmend über Leistung. Den Personen, von denen es geliebt werden möchte, demonstriert es z. B., daß es sein Zimmer aufgeräumt hat. Der dahinterstehende Wunsch ist es, endlich die Liebe seiner Bezugspersonen zu erhalten. Geschieht dies nicht, entwickelt sich im kindlichen Bewußtsein der Gedanke, daß beim nächsten Mal das Zimmer noch besser, noch exakter aufgeräumt sein muß, wenn die echte Zuwendung ausblieb. Ein Teufelskreis setzt ein. Zwangsstrukturen entstehen, weil das Kind seine Leistungen immer stärker optimieren will und doch nicht zum Ziel kommt. Eine Mischung aus beiden Ängsten konstituiert sich und kann den Nährboden für religiösen Mißbrauch und religiöse Abhängigkeit bilden.

Besonders bei Menschen, die in eine religiös abhängig machende Glaubensgemeinschaft hineingeboren wurden, liegt die Wahrscheinlichkeit hoch, daß sie die oben genannten Leiderfahrungen machten. Häufig wurden sie nicht um ihrer selbst willen geliebt. Anerkennung gab es dann, wenn für das religiöse System Leistungen (z. B. konformes Verhalten, genaues Beachten von Ritualen, Unterwerfung unter hierarchische Strukturen) erbracht wurden. Alle Liebe galt dem Gott der Gemeinschaft und der Verbreitung der Heilslehre zur »Erlösung« der irregeleiteten Menschen. Wer später dazukam – als Kind, Jugendlicher oder Erwachsener – bringt wahrscheinlich ähnliche Bedürfnisse und Angstdispositionen mit, kennt aber noch die Realität außerhalb der religiösen Gruppierung. Dadurch kann der Prozeß der inneren und äußeren Loslösung vom Mißbrauchsystem schneller ablaufen. Dies ist aber *nicht* entscheidend, sondern vielmehr der Wille gesund zu werden, d. h. zu sich selbst zu finden.

In diesem Kapitel haben Sie erfahren, daß bestimmte Angstdispositionen einen wesentlichen Anteil daran haben, ob ein Mensch religiös abhängig wird oder nicht. Für die Entstehung dieser Ängste ist vor allem die Umwelt (Eltern, wichtige Bezugspersonen) von Relevanz, also alles, was von außen auf Menschen einwirkt. Diese Erkenntnis sollte Sie zunächst einmal entlasten, denn wie wichtige Bezugspersonen mit Ihnen vor allem im Kleinkindalter umgingen, konnten Sie nur bedingt beeinflussen. Darüber hinaus spielen genetische Faktoren wie etwa das Temperament oder die Empfindungsfähigkeit eine Rolle bei der Konstituierung von Ängsten. Trotzdem sind Sie nicht nur »Opfer« von Umwelteinflüssen und genetischen Dispositionen. Sie haben auch einen eigenen Willen, eine aktive Selbststeuerung, wie die Psychologen dies nennen. Dieser eigene Wille wurde von Ihnen möglicherweise bisher zu stark unterdrückt. Dies aber können Sie ändern, wenn Sie *wollen*. Indem Sie lernen, Ihre Entscheidungen in höherem Maße selbst zu treffen, werden Sie zum Regisseur Ihres Lebens. Welche Schritte Ihnen dabei helfen können, wird im übernächsten Kapitel dargestellt. Zunächst aber geht es im folgenden Abschnitt darum zu klären, woran sich religiöse Abhängigkeit erkennen läßt.

Anmerkungen

1. Bonhoeffer, Dietrich: Lesebuch, Gütersloh 1994, S. 131.
2. Father Booth, Leo: Heilung von religiösem Mißbrauch und religiöser Abhängigkeit. Ein Weg in die spirituelle Freiheit. Spiritual Concepts Limited Köln 1998, S. 41.
3. Riemann, Fritz: Grundformen der Angst, München 1975.
4. Ebd. Riemann, Fritz, a.a.O., S. 34.
5. Ebd. Riemann, Fritz, a.a.O., S. 59-60.
6. Ebd. Riemann, Fritz, a.a.O., S. 76.
7. Ebd. Riemann, Fritz, a.a.O., S. 81.
8. Ebd. Riemann, Fritz, a.a.O., S. 61.
9. Ebd. Riemann, Fritz, a.a.O., S. 107.
10. Ebd. Riemann, Fritz, a.a.O., S. 110.
11. Ebd. Riemann, Fritz, a.a.O., S. 156.
12. Ebd. Riemann, Fritz, a.a.O., S. 181.
13. Siehe dazu Von Glasenapp, Helmuth: Die fünf Weltreligionen, München 1996, S. 310.
14. Siehe dazu auch Stamm, Hugo: Sekten – Im Bann von Sucht und Macht, Zürich 1995, S. 125 ff.
15. Schellenbaum, Peter: Die Wunde der Ungeliebten. Blockierung und Verlebendigung der Liebe, München 1995, S. 18.

Symptome religiöser Abhängigkeit

Religiöse Abhängigkeit ist eine Sucht. Sucht wird in wissenschaftlichen Lehrbüchern meist definiert als »körperliche und psychische Abhängigkeit von Drogen, wobei sowohl die körperliche als auch die psychische Abhängigkeit überwiegen kann.«[1] Die Zahl der Süchte ist groß: Arbeitssucht, Sexsucht, Alkoholsucht, Geltungssucht, Eßsucht usw. Warum werden Menschen süchtig? Es fehlt ihnen aus welchen Gründen auch immer die Befriedigung eines oder mehrerer existenzieller Bedürfnisse. Überlegen Sie: »Was fehlt mir, was vermisse ich?«[2] Sucht ist immer ein Ersatz für das, was wir nicht haben, und hinter jeder Sucht steckt eine Sehnsucht nach Liebe, Geborgenheit, Klarheit, Lebenssinn. In Deutschland sind nach Schätzungen etwa 2,5 Millionen Menschen alkoholabhängig, 100.000 rauschgift- und 800.000 medikamentenabhängig.[3] Wie viele sind religiös abhängig? Die Zahl muß groß sein, wenn man bedenkt, daß nach einer Hochrechnung ca. 820.000 Menschen problematischen religiösen Gruppierungen angehören.[4]

Religiöse Abhängigkeit zeigt sich wie Suchtverhalten generell an bestimmten Symptomen. Diese werden im Folgenden aufgeführt und erläutert:

Der Glaube, nicht gut genug zu sein

Wer Angst hat, verlassen zu werden, und sich durch Leistungen die Zuwendung anderer Menschen »erarbeiten« möchte, fühlt sich schlecht, schwach und unnütz. Um Anerkennung zu erhalten, will man um jeden Preis anderen gefallen, arbeitet mit allen Kräften für seine Glaubensgemeinschaft, um einen Hauch davon zu spüren, wonach man sich sehnt: Liebe. Diese Sehnsucht treibt zu immer mehr Leistungen an, weil man nicht häufig genug hören kann, »gute Arbeit« geleistet zu haben, »wertvoll« zu sein usw. Die Angst davor, von den anderen Gläubigen einmal kritisiert zu werden, ist mächtig, denn dadurch würde das mühsam hergestellte, fragile innere Gleichgewicht sofort zerbrechen.

Aufgrund einer solchen Sichtweise von der eigenen Person berauben wir uns der Möglichkeit, unsere eigenen Stärken und Fähigkeiten zu entdecken. Destruktive religiöse Systeme fördern die Konstituierung einer schwachen Ich-Identität (Persönlichkeit). Gelingt uns etwas gut im Leben und freuen wir uns darüber, so wird gesagt: »Das hat Gott getan, nicht du«.

Realitätsentfremdung und Einengung der Wahrnehmung

Zu irgendeinem Zeitpunkt wird die religiöse Gruppierung, der wir uns angeschlossen haben, zum Zentrum unserer Welt. Das ganze Leben dreht sich um Kirche, Gottesdienst, Mission, Meditation und Selbstaufgabe. Durch die Fokussierung auf das religiöse System wird man unfähig, sich auf die Außenwelt (z. B. Familie, Arbeitgeber, Freundeskreis) einzulassen. Von einer »höheren Warte« aus wird das Verhalten der Umwelt bewertet und beurteilt. Man ist nicht mehr zugänglich für Ratschläge, Bitten und Wünsche vorher wichtiger Bezugspersonen. Nur der »wahre Glaube« zählt. Dieses Hochgefühl macht zunächst euphorisch, weil die lang ersehnte Sicherheit und Klarheit für das eigene Leben eingetreten zu sein scheint. Es läßt sich ja vor dem Hintergrund des Glaubens alles »sinnvoll« erklären, was uns widerfährt. Sind wir z. B. in einer Sache nicht erfolgreich, läßt sich die belastende Situation als Gottes Prüfung deuten, der letztendlich für uns alles in Ordnung bringen wird, wenn wir nur bußfertig sind. In dieser Situation lassen wir ein geistiges »Selbstmordprogramm« ablaufen. Die Einengung der Realität führt uns noch weiter von uns selbst weg. Alles dreht sich ausschließlich um den »wahrhaftigen Glauben«, Erfahrungen außerhalb dieses Mikrokosmos lassen wir kaum noch zu. Negative Gefühle wie Wut oder Zorn werden unterdrückt, weil sie in das eigene Selbstbild nicht hineinpassen. Die Aggressionen können dann nach innen gehen und den Körper schädigen in Form von psychosomatischen Erkrankungen oder sich nach außen in einem extrem belehrenden und abfälligen Verhalten gegenüber der Umwelt zeigen. Die bisher überlagerten Ängste brechen wieder auf und können so belastend sein, daß wir den Wunsch haben, unserem Leben ein Ende zu setzen.

Zwanghaftes Festhalten an und Durchführen von Ritualen

Damit wir uns gut fühlen, müssen wir dauernd beten, müssen jeden Gottesdienst aufsuchen, fühlen uns dazu gedrängt, täglich in heiligen Schriften zu lesen und daraus permanent zu zitieren. Die Welt wird zum großen Missionsgebiet, und mit Feuereifer versuchen wir täglich, die Ungläubigen zu bekehren. Die Gefahr besteht, daß wir in eine Art religiösen Rausch verfallen, analog zu dem Zustand, den Alkoholabhängige durch exzessives Alkoholtrinken herbeiführen. Das religiöse Mißbrauchssystem fördert ein solches Verhalten. So läßt sich leichter Gehirnwäsche und Milieukontrolle bei den religiös Abhängigen durchführen. Die Folgen einer solchen Manipulation sind meist verheerend. Im März 1997 verübten z.B. Mitglieder der Gruppe »Heavens' Gate« auf Befehl ihres Führers Marshall Applewhite 21 Frauen und 18 Männer Selbstmord, und dies ist kein Einzelfall. Die Intoleranz gegenüber unserer Umwelt macht uns hart und unerbittlich. Menschen, die wir bisher sehr schätzten, sagen wir vielleicht: »Wenn du den einen Weg zur Erlösung nicht beschreitest, wirst du verderben.« An diesem Punkt wird man selbst zum Täter und mißbraucht andere mit seiner Religion. Dann zwingen wir vielleicht diejenigen, die uns wirklich schätzen, dazu, sich von uns zu distanzieren.

Kritikunfähigkeit und Autoritätsgläubigkeit

Die Lehre wird als *die* Wahrheit verinnerlicht und nicht mehr hinterfragt. Anweisungen des Führers bzw. der Führer befolgen wir bedingungslos. Diese Haltung drängt uns in die Opferrolle. Wir weigern uns, selbständig zu denken aus dieser tiefsitzenden Angst heraus, dazu gar nicht in der Lage zu sein. Selbst wenn wir es einmal wagen, Kritik zu üben, wird sie sofort z. B. mit den Worten unterbunden: »Jetzt wirkt der Teufel in dir. Nur durch bedingungslosen Gehorsam kannst du zu Gott kommen.« Durch diese Einschüchterung fallen wir wieder in einen kindlich-regressiven Zustand zurück, in dem wir völlig abhängig sind vom religiösen System. Inneres Wachstum und Identitätsfindung sind in dieser Situation unmöglich. Vielmehr wiederholen wir unbewußt in der Verbundenheit mit den Bezugspersonen und Gurus der Gemeinschaft die Beziehung zu unseren Eltern. Dahinter steckt der latent vorhandene Wunsch, die alten Wunden aus der Eltern-Kind-Symbiose durch eine neue Beziehung zu heilen. In der psychologischen Fachsprache wird ein solches Verhaltensmuster Übertragungsverhalten genannt:

> Übertragung läßt sich definieren als ein Vorgang, bei dem ein Mensch Gefühle, Phantasien, Wünsche, Einstellungen und Reaktionsmuster, die aus seinen früheren Interaktionserfahrungen (...) mit einer bestimmten Bezugsperson stammen, auf eine andere Bezugsperson bezogen wiederholt.[5]

Das Tragische ist, daß wir den Gurus, Propheten und Heilsbringern, denen gegenüber wir das Übertragungsverhalten zeigen, die gleiche Macht zusprechen wie damals den Eltern und uns diesen genauso unterwerfen. Die religiöse Gruppe, der wir angehören, hindert uns daher an seelischem Wachstum, sie hält uns fest auf der Entwicklungsstufe eines kleinen Kindes.

Das magische Weltbild

Da man sich selbst für wertlos und unfähig hält, das Leben zu meistern, wird die Verantwortung dafür auf Gott übertragen. So warten wir in großer Ängstlichkeit und Untätigkeit darauf, daß er unsere Probleme löst und uns sagt, was wir zu tun und zu lassen haben. Das magische Weltbild und das magische Denken gehören zu einer Entwicklungsstufe, die ein Mensch etwa zwischen dem 2. und 3. Lebensjahr durchläuft und danach abschließt.[6] Kleine Kinder können sich naturwissenschaftliche Inhalte noch nicht erklären und finden deshalb ihre eigenen Interpretationen dafür:

Höhere Mächte (...) bewirken Veränderungen. Sie glauben an den Weihnachtsmann ebenso, wie sie an die Macht der Hexen, Feen, Riesen oder Zwerge im Märchen glauben.[7]

Bekommt ein Kind in diesem Entwicklungsabschnitt nicht die erforderliche Zuwendung, Sicherheit und Aufklärung, bleibt das magische Denken als Muster der Welterfassung erhalten. Dies hat Konsequenzen für das spätere Gottesbild im Erwachsenenalter. Gott ist dann ein Wesen, das sich gnädig zeigt, wenn man »richtig« denkt und sich »richtig« verhält, und ungnädig wird bei »bösen Gedanken« und »Fehlverhalten«. Gott ist damit eine Kontrollinstanz, kein liebendes, verständnisvolles Wesen. Er ist Platzhalter für die verinnerlichten Elternfiguren.

Das häufige Zitieren von Bibelstellen oder anderen als heilig angesehenen Schriften ist ebenso Ausdruck magischen Denkens. Das Aussprechen »göttlicher Worte« schützt vor Bösem und rechtfertigt das eigene Handeln gegenüber der Umwelt. Den Andersgläubigen wird »bewiesen«, daß sie unrecht haben. Bei Erwachsenen kann sich das magische Denken in einer seelischen Störung, der Zwangsneurose zeigen.[8]

Der Zwang zur Perfektion

Vor allem die Angst vor Strafe treibt uns neben der Gefallsucht und der Verlustangst (siehe oben) zu immer mehr Höchstleistungen an. Wir wollen perfekt sein, denn dann müssen Gott und die Gemeinschaft, der wir angehören, uns ja lieben. Ein unerbittlicher Zensor in uns bemißt uns danach, wie gut wir die vorgegebenen religiösen Regeln und Rituale befolgen. Die Fixierung auf die Vorschriften der Gemeinschaft macht uns hart und unerbittlich der eigenen Person und auch anderen gegenüber. Schnell kritisieren wir andere Glaubensgenossen, die es nicht ganz so genau nehmen wie wir mit der Einhaltung der Gebote und Rituale. Wer aber nur das befolgt, was andere vorgeben, bleibt auf dem Stand eines kleinen Kindes, das im Gehorsam gegenüber seinen Eltern steht. Destruktive religiöse Gruppierungen haben u. a. so viel Macht über ihre Mitglieder, weil sie exakt an diesen kindlichen Bedürfnissen ansetzen und sie für ihre Zwecke mißbrauchen. Der Erwachsene, der innerlich aufgrund seiner frühen psychischen Verletzungen in vielen Bereichen noch ein Kind ist, wird in ein System von Belohnung und Strafe eingebettet, das er z. T. von seiner Herkunftsfamilie kennt. Die krankmachenden Muster der Kindheit werden also in der »neuen Familie der Gotterlösten« in Form einer mentalen Programmierung[9] noch verstärkt.

Wenn wir alle Regeln befolgt, alle Rituale sorgsam durchgeführt und Gott tiefgläubig angebetet haben, warten wir auf Gottes Lohn. Er soll sich uns durch »Zeichen und Wunder« nähern und uns vermitteln, wie lieb und gut wir sind. Doch Gott reagiert nicht. Wut und Enttäuschung kommen hoch und die Angst, immer noch nicht gut und vollkommen genug zu sein für ihn. Das religiöse System stützt häufig diese Gedanken noch, indem z. B. gesagt wird: »Du mußt eben noch mehr beten.« Schließlich kommt es zum »Burnout«, dem inneren Ausbrennen:

> Ausbrennen bedeutet: sich entleeren. Die eigenen körperlichen und seelischen Reserven erschöpfen. Sich selbst bei dem Versuch zu zerstören, (...) unrealistische Erwartungen zu verwirklichen, die selbstgesetzt sind oder vom Wertesystem der Gesellschaft aufgezwungen werden.[10]

Burnout findet sich vor allem in sozialen Berufen, in denen Helfer sich psychisch verausgabt haben. Genauso geht es auch uns. Wir haben für Gott gearbeitet, gearbeitet, gearbeitet... und doch keine Befriedigung darin gefunden, weil wir nicht die ersehnte Liebe bekamen. Wir spüren eine tiefe innere Leere. Kleinste Anforderungen der Umwelt sind uns schon zuviel und lösen Angst in uns aus.

Psychosomatische Erkrankungen

Es gibt einen Sinnspruch, der manchmal geäußert wird, wenn Menschen Schweres erlebt haben: »Das bleibt nicht an den Kleidern hängen.« Damit ist gemeint, daß Belastungen psychischer und physischer Art im Menschen Spuren hinterlassen. Seelische und körperliche Erkrankungen bedingen einander. Die Psychosomatik als Teilbereich der Medizin und Psychologie versucht dieses Wechselspiel zu beschreiben. Psychosomatische Erkrankungen sind körperliche Erkrankungen, die zum Teil auf psychische Ursachen zurückzuführen sind.[11] Greifen wir ein Beispiel heraus: Wer nicht in der Lage ist, negative Gefühle wie Wut oder Zorn zu zeigen, muß damit rechnen, daß diese nach innen gehen und sich gegen den eigenen Körper richten. Die Folge kann dann eine chronische Entzündung sein, d. h. das innere Leiden schlägt dann z. B. auf den Darm, der die Funktion hat zu verdauen. Zu den Erkrankungen des psychosomatischen Formenkreises gehören u. a. auch die Magersucht, Schlaf- und Eßstörungen, Asthma bronchiale, Bluthochdruck, koronare Herzkrankheiten, Hauterkrankungen und Migräne. Wenn wir psychosomatisch krank sind, so kann dies eine Form der Selbstbestrafung sein, die wir unserer Harmoniesucht und Konfliktunfähigkeit zu verdanken haben. Suchen wir einen Arzt auf, so verschreibt er uns möglicherweise in Unkenntnis der komplexen Zusammenhänge Medikamente, die jedoch nur symptomlindernd wirken. Wir bleiben aber so lange krank, bis wir bereit sind, uns mit der eigenen Person auseinanderzusetzen. Solange wir von uns selbst davonlaufen, macht uns unsere Seele immer wieder darauf aufmerksam, daß wir unseren tiefsitzenden Ängsten begegnen und sie verarbeiten müssen. In unserer Glaubensgemeinschaft wird uns wahrscheinlich gesagt, unsere Erkrankung sei eine Prüfung Gottes oder Folge eines nicht »reinen« Lebenswandels. Wir fühlen uns dann »schuldig« und der Liebe Gottes »unwürdig. Diese Gedanken verstärken noch den Wunsch nach Selbstbestrafung und die psychosomatische Erkrankung verschlimmert sich.

Psychosen

Es gibt manchmal Situationen in unserem Leben, in denen wir keinen Ausweg mehr wissen. Dann erscheint als einzige Möglichkeit neben dem Suizid der Ausstieg aus der Wirklichkeit. Wir leiden dann an einer sogenannten »funktionellen Psychose«[12], die sich

u. a. in Wahnvorstellungen, Halluzinationen und Verwirrtheit zeigt. So kann es z. B. sein, daß wir auf einmal meinen, wir seien ein von Gott gesandter Prophet, der den Menschen das Heil verkündigen muß, oder wir spielen einen Antagonisten Gottes und beschimpfen Gott permanent. Die Flucht in den »Wahn« ist ein Selbstheilungsversuch. Unsere kranke Seele baut sich eine imaginäre Traumwelt auf, in der sie überleben kann.[13] Diese »Lösung« kann »endgültig« sein – wir bleiben in diesem Zustand – oder auch nur vorübergehend. In letzterem Fall kehren wir in die Wirklichkeit zurück und müssen uns erneut mit unseren Ängsten und den ungelebten Aspekten unserer Persönlichkeit auseinandersetzen. Dazwischen gibt es Grauzonen zwischen »Wahn und Wirklichkeit«. Immer aber beschäftigt uns der Gedanke nach Beendigung unseres Leidens, wir wollen »erlöst« sein.

Die Gruppierung, der wir angehören, fördert die Ausbildung psychotischer Strukturen, weil sie selbst psychotische Züge in sich trägt. Das ganze religiöse System baut auf dem Wahn auf, daß es allein göttlich inspiriert und die Welt außerhalb der »göttlichen Hemisphäre« dem Verderben geweiht ist. Darüber hinaus wird in etlichen destruktiven Gruppen die Wahnbildung durch den massiven Einsatz von Techniken wie z. B. Schlafentzug, Erzeugung von Ohnmachtsgefühlen oder Milieukontrolle (das Gruppenmitglied darf nur zu »treuen« Mitgliedern der eigenen Gemeinschaft Kontakt haben) induziert, wobei dies nicht das eigentliche Ziel ist. Vielmehr will man die Mitglieder für die religiösen, wirtschaftlichen oder z. T. auch politischen Ziele gefügig machen.

Schwarz-Weiß-Denken

Erinnern wir uns. Religiös Abhängige haben Angst, den Überblick über sich und über ihre Umwelt zu verlieren und entwikkeln daher oft zwanghafte Strukturen. Sie benötigen eine klar geordnete Welt, in der gut und böse, richtig und falsch eindeutig definiert sind. Alles, was sich nicht klar zuordnen läßt, macht Angst. Wir fürchten uns vor der Komplexität der Welt. Die Gruppierung, mit der wir uns identifizieren, bietet uns ein einfaches

Weltinterpretationsschema an, nach dem wir uns sehnen. Wenn wir dieses übernehmen, fühlen wir uns zunächst innerlich frei, doch bei der Konfrontation mit unserer Umwelt spüren wir, daß dieses Schema oft nicht paßt. Wir müssen unsere Wahrnehmung immer wieder so »zurechtbiegen«, daß wir Situationen und Handlungen in Schwarz-Weiß-Kategorien pressen können. Diese »Abwehrschlacht« kostet enorme psychische Kräfte. Dazu ein Beispiel: Wir laden auf der Straße einen Menschen zum Gottesdienst ein. Er lehnt ab. Wir finden den Eingeladenen eigentlich sehr sympathisch und fühlen uns zu ihm hingezogen. Da wir positive Gefühle in dieser Situation nicht zulassen dürfen, ordnen wir den Betroffenen in unser Schwarz-Weiß-Schema ein und definieren ihn als »verloren«. Durch solche Vereinfachungen verarmen wir innerlich. Es gibt nur das, was in die rigiden Denkschemata paßt, was ideologisch sein darf.

Hoher finanzieller Einsatz

Unsere spirituellen Führer haben uns darauf hingewiesen, »daß Gott einen freudigen Geber lieb hat« und es der Kirche Gottes zugute kommt, wenn wir ihm unser Geld schenken. Die aus unserer depressiven Grundhaltung geborene Angst, vor Gott in Ungnade zu fallen, drängt uns dazu, immer wieder größere Geldsummen zu spenden. Damit möchten wir uns unbewußt Gottes Liebe erkaufen. Gott gewinnt dann einen »Warencharakter«, ist ein Produkt, das man »kaufen« kann. Dieses Gottesbild hat verheerende Folgen. Nur indem wir Leistungen für Gott erbringen, wozu neben Geldspenden z. B. auch das zwanghafte Einhalten religiöser Rituale gehört, können wir uns seiner Gnade sicher sein. Die Gemeinschaft, mit der wir uns identifzieren, nennt dieses Leistungsprinzip vielleicht »Opfer für Gott bringen«. Sie droht mit Segens- bzw. Heilsverlust, wenn wir nicht ausreichend opfern. So geben wir Geld, immer mehr Geld... und verschulden uns damit möglicherweise hoch, gefährden unsere Existenz und die der Familie.
Die Gesellschaft hat uns früh die Bedeutung des Geldes vermittelt. Schon als kleine Kinder lernten wir, daß Geld ein »Zaubermittel«

ist, mit dem man vieles bekommen kann. Diese frühkindlich verin-
nerlichte Erfahrung machen sich destruktive Gruppen für ihre Zwek-
ke zunutze, indem sie indirekt oder direkt vermitteln, daß Gott »käuf-
lich« ist. Viele destruktive Gruppen horten auf diese Weise große
Geldsummen, von denen häufig die Führer und Gurus profitieren
bzw. die dazu dienen, sekteninterne Wirtschaftsunternehmen zu sub-
ventionieren.[14]

Destruktiver Umgang mit Sexualität

Man sagt uns z. B., daß Sexualität nur dazu dienen soll, Kinder
zu zeugen. Damit wird uns eine wichtige Möglichkeit genom-
men, Zugang zu unseren Gefühlen zu finden und die intime Nähe
zu einem anderen Menschen zu spüren. Diese sexualfeindliche
Haltung kommt dem Anteil unserer Person entgegen, der zwanghaft ist. Wir wollen uns und unsere Umwelt kontrollieren, im
»Griff« haben. Sexualität läßt sich aber nicht steuern. Das macht
uns Angst, also unterdrücken wir aufkommende sexuelle Bedürfnisse.
Der depressive Aspekt unseres Selbst verlangt nach körperlicher
Nähe zu anderen Menschen, gerät aber in Konflikt mit dem zwanghaften Anteil in uns. Es entsteht eine starke innere Spannung. In
destruktiven Kulten werden manchmal grausame Lösungen für das
Sexualitätsproblem getroffen. Man verkleidet sich, nimmt also eine
andere Identität an, um seine Sexualität auszuleben:

> In den letzten zehn Jahren ist eine Reihe von Personen wegen
> sexuellen Mißbrauchs verurteilt worden (...) Diese Kinder beschrie-
> ben, sie seien von Erwachsenengruppen vergewaltigt worden, die
> Kostüme und Masken trugen.[15]

In manchen Gruppen wird Sexualiät als Werbemittel zur Rekrutie-
rung neuer Mitglieder eingesetzt:

> Man muß bereit sein, alles zu tun, alles zu geben. Dazu gehört
> auch, daß man seinen Körper gibt. Daß man als Frau mit seinem
> Körper andere Mitglieder anwerben kann.[16]

Wir gehorchen dann aus der Angst heraus, die Zuwendung der Gemeinschaft zu verlieren.

Es gibt auch Gruppen, in denen ein exzessives Ausleben von Sexualität als Weg »zur Erleuchtung« beschrieben wird.[17]

In allen Fällen handelt es sich um eine vorgeschriebene Form von Sexualität. Sie wird »erlaubt« bzw. bekommt verpflichtenden Charakter. Da wir aber nicht selbst über die Art und das Ausleben unserer Sexualität bestimmen, sondern weitgehend die religiöse Gruppe, kann es sein, daß wir z. B. das sexuelle Zusammensein mit anderen als einen Vorgang erleben, der der »Sache Gottes« dient und mit dem keine Lustgefühle verbunden sein dürfen.

Ein gestörtes Körpergefühl

Man hat uns vielleicht eingeredet, daß der Körper unrein ist – eine unbedeutende sterbliche Hülle – und alle Kräfte dem spirituellen Wachstum zu widmen sind. Damit wurden wir implizit aufgefordert, ihn zu vernachlässigen, ja zu ignorieren. Unser Körper ist aber Bestandteil unseres Seins. Wenn wir ihn nicht als zur eigenen Person dazugehörig akzeptieren, trennen wir ihn psychisch von uns ab. Er hat dann nur rein instrumentelle Funktionen, d. h. wir benutzen ihn, um uns zu bestimmten Zielen hin zu bewegen, zu essen, zu trinken usw., und vergessen dabei, daß Körper und Seele bzw. Bewußtsein ständig miteinander kommunizieren und wechselseitig aufeinander reagieren. Ein Beispiel: Wir können negative Gefühle sprachlich äußern und die körperlichen Reaktionen auf diese Emotionen weitgehend verbergen, weil die religiöse Gemeinschaft deren Beherrschung verlangt. Dadurch ignorieren wir unseren Körper und dessen Signale. Der Körper wird als »Gegenstand« wahrgenommen, der eigentlich nicht zur eigenen Person gehört. Dieses Wegsein vom eigenen Körper zeigt sich häufig in mechanischen, staksigen und »rudernden« Bewegungen. Ein Beobachter gewinnt den Eindruck, man könne Bewegungsabläufe des eigenen Körpers nicht differenziert genug koordinieren und gehe »grob« mit ihm um.

Wer die Signale seines Körpers unterdrückt, ist innerlich zerrissen und gespalten. Er nimmt nur Teilaspekte seines Selbst wahr. Beide, Körper und Seele, bilden eine Einheit.

Die Entfremdung von unserem Körper rächt sich. Gefühle werden körperlich nicht adäquat verarbeitet und richten sich nach innen. Man kann psychosomatisch krank bzw. psychotisch werden.

Zwangsgedanken

Es ist möglich, daß sich unsere Angst vor Strafe und die vielen unterdrückten und ungelebten Gefühle in Aggressionen umwandeln, die sich dann in Form von Zwangsgedanken zeigen. Ohne darüber Kontrolle zu haben, drängen sich immer wieder die gleichen Gedanken auf mit aggressivem Inhalt gegen Gott, gegen spirituelle Führer oder Mitglieder der Gemeinde. Wir erschrecken darüber und deuten sie als den Versuch diabolischer Kräfte, uns »vom Weg des Lebens« abzubringen. Die immer wiederkehrenden Gedanken werden zu einer wahren Seelenqual. Wir können sie nicht abstellen, es sei denn, wir verändern unser Leben und geben den eigenen Bedürfnissen mehr Raum. Die Zwangsgedanken sind Botschaften aus unserem Unterbewußtsein, sie sind das innere Kind in uns, das sein Recht nach Glück, Freude, Spontanität, innerer Harmonie und seinen Hunger nach Leben einklagt. C. G. Jung beschreibt das innere Kind so:

> Im Erwachsenen steckt nämlich ein Kind, ein ewiges Kind, ein immer noch Werdendes, nie Fertiges, das beständiger Pflege, Aufmerksamkeit und Erziehung bedarf. Das ist der Teil der Persönlichkeit, der sich zur Ganzheit entwickeln möchte.[18]

Zwangsgedanken werden begleitet von Zwangshandlungen. Unter dem Punkt »Zwanghaftes Festhalten und Durchführen von Ritualen« wurden diese Zwangshandlungen schon beschrieben. Je stärker wir von den Zwangsgedanken bedroht werden, desto mehr klammern wir uns an die Rituale, die eine scheinbare Sicherheit vermitteln. Wir beten noch mehr gegen den »Feind« in uns, arbeiten noch intensiver für »die Sache Gottes« mit dem Resultat, daß sich das innere Kind in uns auch heftiger wehrt. Die Gruppe wird uns nicht helfen, sondern darauf verweisen, daß wir schuld sind und besser, reiner, vollkommener werden müssen, um von den »unreinen« Gedanken befreit zu sein. An diesem Punkt benötigen wir dringend professionelle Hilfe, weil wir aus dem Zustand innerer Zerrissenheit und tiefer Verzweiflung nicht mehr allein herauskommen.

Eßsucht (bulimia nervosa) und Magersucht (anorexia nervosa)

Wir verzichten auf weltliche Vergnügungen (z. B. Filme, Musik, Rauchen, Tanzen usw.), weil wir meinen, daß Gott dies so will. Das Leben zu genießen würde bedeuten, uns unseren Bedürfnissen nach innerer Freiheit und Selbstbestimmung zu öffnen. Diesen Schritt wagen wir nicht, denn wir haben Angst, in scheinbare »Abgründe« unserer Seele zu schauen und Charakterzüge an uns zu entdecken, die wir nicht wahrhaben wollen, weil wir glauben, sie seien teuflischen Ursprungs. In unserem Hunger nach Leben essen wir übermäßig viel, um über diesen Weg unsere Sinne zu spüren und uns innerlich zu beruhigen. Das Gegenteil ist aber der Fall. Unser Eßverhalten ist letztlich nur eine Problemverschiebung. Unsere »Urängste« – allein zu sein und den Überblick über unser Leben zu verlieren – sind jetzt überlagert durch die Angst, wir könnten die Kontrolle über unser Eßverhalten verlieren. Wir schaffen uns also ein neues Problem, um von unseren anderen abgelenkt zu werden. Viele Menschen, die zu Depressionen und Zwängen neigen, leiden unter Eß- bzw. Magersucht.[19] Dadurch vergrößert sich ihr Leiden noch, denn die Umwelt sanktioniert meist ein solches Verhalten. Für religiös Abhängige bedeutet dies, daß die Mitglieder der Gemeinschaft vielleicht sagen: »Du bist nicht gläubig genug, sonst hätte Gott dich schon längst von deiner Sucht befreit.«

Die Magersucht ist ein anderer Versuch, die Konfrontation mit den eigenen tiefsitzenden Ängsten zu vermeiden. Im Vordergrund steht hier der Selbstbestrafungsaspekt. Man möchte dem eigenen Körper schaden, weil er Bedürfnisse z. B. sexueller Art äußert, die wir nicht zulassen wollen, da Gott sie angeblich nicht gutheißen kann. Die drei Hauptsymptome sind ein erheblicher Gewichtsverlust, eine übermäßige Furcht vor dem Dickwerden und die Weigerung ausreichend zu essen, um auf ein Normalgewicht zu kommen.[20] So beschäftigen wir uns permanent mit unserem Körper als einem »Fremdkörper«, der uns bedroht, weil er uns durch seine Reaktionen auf Gedanken und Ereignisse »unzulässige« Emotionen jeglicher Art spüren läßt.

Beim Durchlesen der einzelnen Symptome religiöser Abhängigkeit haben Sie vielleicht Angst, Wut, Trauer, (Selbst)haß, innere Abwehr, Verzweiflung oder Ähnliches gespürt. Dies ist dann ein Zeichen der eigenen Betroffenheit, das Sie grundsätzlich positiv bewerten sollten, denn der erste Schritt in Richtung Heilung besteht darin, die religiöse Abhängigkeit zu erkennen.

Anmerkungen

1. Wörterbuch der Psychiatrie und medizinschen Psychologie, München 1990, S. 545.
2. Wenn Sie wollen, können Sie jetzt eine kleine Übung durchführen. Nehmen Sie ein Blatt Papier zur Hand und schreiben Sie auf, was Ihnen »fehlt«. Dann werden Ihnen Ihre Bedürfnisse klarer vor Augen geführt.
3. Sozialministerium Baden-Württemberg. Arbeitsmappe Gesundheit im Betrieb, 1994, S. 98.
4. Zwischenbericht der Enquetekommission »Sogenannte Sekten und Psychogruppen, Drucksache 13/8170, Bonn 1997, S. 35.
5. Huppmann, G., Wilker, Friedrich-Wilhelm: Medizinische Psychologie, Medizinische Soziologie, Nördlingen 1988, S. 250.
6. Siehe dazu Schraml, Walter, J.: Einführung in die moderne Entwicklungspsychologie für Pädagogen und Sozialpädagogen, Stuttgart 1972, S. 258.
7. Altenhan, S. et al. In: Hobmair, Hermann (Hrsg.): Psychologie, Köln 1991, S. 229.
8. Schraml, Walter, J.: a.a.O., S. 259.
9. Zur mentalen Programmierung siehe Singer, Margaret Thaler, Lalich, Janja: Sekten. Wie Menschen ihre Freiheit verlieren und wiedergewinnen können, Heidelberg 1997, S. 92 ff.

10. Hirsch, Rolf D.: Balintgruppe und Supervision in der Altenarbeit, München 1993, S. 80.
11. Siehe dazu Freyberger, H. J., Freyberger, H.: Psychosomatische und verwandte Störungen. In: Freyberger, H. J. et. al. (Hrsg.): Kompendium der Psychiatrie und Psychotherapie, Basel 1996, S. 185.
12. Siehe dazu Greb, Ulrike: Psychiatrie, Reinbek 1995, S. 33.
13. Ebenda Greb, Ulrike, S. 35.
14. Zu Wirtschaftsunternehmen problematischer religiöser Gruppierungen siehe: Endbericht der Enquete-Kommission »Sogenannte Sekten und Psychogruppen,Drucksache 13/10950, Bonn 1998, S. 39, S. 98 ff.
15. Smith, Margaret, Lalich Janja: Gewalt und sexueller Missbrauch in Sekten, Zürich 1994, S.31
16. Trautmann, Tanja: Die Manipulation war einfach. Meine Zeit bei den Kindern Gottes. In: Eimuth, Kurt-Helmuth: Sekten-Ratgeber. Informationen und Ratschläge füt Betroffene, Freiburg 1997, S. 147.
17. Siehe hierzu die Bhagwan-Bewegung in Gasper, Hans et al.: Lexikon der Sekten, Sondergruppen und Weltanschauungen, Freiburg 1995, S. 860.
18. Jung, C. G.: Was das Innere Kind uns verheißt. In Abrams, Jeremiah (Hrsg.): Die Befreiung des inneren Kindes, München 1996, S. 25.
19. Siehe dazu Freyberger, Harald J. et. al., a.a.O., S. 187.
20. Davison, Gerald C. et al.: Klinische Psychologie, München/Weinheim 1988, S. 502.

Die Stadien religiöser Abhängigkeit[1]

Erstes Stadium: Begeisterung

In der Anfangsphase sind wir euphorisch und überglücklich, in der Gemeinschaft der Auserwählten, der Gotterlösten und Wissenden zu sein. Wir glauben, unsere wahre Bestimmung zu kennen:

> (...) Gott berief mich in seinem Auftrag als sein Instrument (...) Ich wurde gerufen, um seine Wahrheit für ihn zu offenbaren (...) ich wurde ausersehen, mit Jesus und dem Lebendigen Gott in Verbindung zu treten.«[2]

Genauso wie in diesem Zitat zum Ausdruck gebracht oder so ähnlich denken wir in der Phase der Begeisterung und stärken mit diesem elitären Bewußtsein unser defizitäres Selbstwertgefühl. Der Gott unserer Glaubensgemeinschaft, die spirituellen Führer, Glaubensgenossen und die Missionsarbeit sind der Mittelpunkt unseres Lebens. Wurden wir als Erwachsene Mitglied der Gemeinschaft, brechen wir meist die Kontakte zu Familie, Verwandten und Freunden ab oder reduzieren diese auf ein Minimum. Diese uns bisher so wichtigen Bezugspersonen sind auf einmal Menschen, die von Gott nichts wissen und denen »Verdammnis« droht, wenn sie sich nicht »zur wahren und einen Lehre« bekehren. Wer von Geburt an einer religiösen Gruppe angehört, ist in der Phase der völligen Identifikation mit dieser. Viele Gemeinschaften beeinflussen ihre Mitglieder schon im frühesten Kindesalter und manipulieren unter Zuhilfenahme unterschiedlichster Techniken deren Bewußtsein. Die Manipulation ist hier wesentlich umfassender und tiefgreifender, weil man ja von »der Wiege an« den religiösen Einflüssen ausgesetzt war. Charakteristische Merkmale des ersten Stadiums sind:

Hyperaktivität

Wir können gar nicht genug arbeiten für die Sache Gottes. Geradezu besessen sind wir von dem Gedanken, andere von unserem Glauben zu überzeugen. Dafür opfern wir viel Zeit und Geld. Euphorisch berichten wir den Mitmenschen von unseren Gotterfahrungen, erzählen von Wundern, die er an uns und anderen Gläubigen unserer Gemeinschaft vollbrachte, und belegen anhand von Zitaten aus heiligen Schriften die Richtigkeit unseres Glaubens

Gefühl der Unentbehrlichkeit

Ohne uns geht es nicht. Wir fühlen uns entscheidend dafür mitverantwortlich, daß Gottes Wille zur Geltung kommt und das Böse vernichtet wird. Immer mehr Aufgaben ziehen wir an uns und merken gar nicht, daß wir damit völlig überfordert sind. Die Arbeit für Gott wird zur Sucht. Wir können nicht mehr abschalten, denken Tag und Nacht über unsere Spiritualität nach und wie wir die Welt verändern können. Unsere religiöse Sucht lenkt uns vom eigentlichen Problem ab, der Angst vor der Individuation, d. h. unserer Selbstwerdung. Der Psychoanalytiker Wolfgang Schmidbauer schreibt über süchtige Menschen:

> Ihr unmittelbares Vertrauen in das Leben, in ihren Körper, in ihre Gefühlsvorgänge ist ihnen verlorengegangen. Das Suchtmittel ermöglicht eine Ersatz-Identität. Es ist ein Mittel, zu ordnen, (...) unter Kontrolle zu behalten, was sonst unkontrolliert und bedrohlich wäre.[3]

Unsere Arbeitssucht steigert sich, weil wir glauben, durch Leistung Gottes Liebe und die der Glaubensgeschwister zu gewinnen. Doch die ersehnte Wirkung tritt nicht in dem Maße, wie man sich das wünscht, ein. Gott nähert sich uns nicht, und die Mitglieder unserer Gruppe geben uns auch nicht mehr Zuwendung als bisher. Eine gewisse Erschöpfung psychischer und physischer Art tritt ein. Dies führt später zum zweiten Stadium, der Stagnation.

Ständig sind wir mit religiösen Aktivitäten beschäftigt. Sogar bei der Verrichtung von Alltagsaktivitäten stellen wir Bezüge zum religiösen Deutungssystem her. Wir bitten Gott darum, daß wir das »Richtige« essen, zum rechten Zeitpunkt einkaufen gehen, damit wir Menschen kennenlernen, die Gott noch auserwählt hat. Unsere Gedanken befassen sich vielleicht damit, welchen Weg zur Arbeit Gott für uns vorgesehen hat. Negativer, d. h. belastender Streß entsteht, den wir als solchen zunächst nicht wahrnehmen. Wir schalten nicht mehr ab, sind auch in Ruhephasen mit unseren Gedanken immer bei der Arbeit für Gott. So zerrinnt uns die Zeit »zwischen den Händen«, weil wir in unserem Perfektionismus nie zufrieden sind und immer überlegen, was zukünftig zu verbessern und zu verändern ist. Wir überlegen, wie wir unser Wesen »gottgewollt« verändern können und verhindern damit die Auseinandersetzung mit dem Hier und Jetzt, unserem gegenwärtigen inneren Zustand.

Verdrängung von Mißerfolgen und Enttäuschungen

Trotz größten Einsatzes für Gott und die religiöse Gruppe sind unsere Erfolge oft gering. Nicht jeder läßt sich missionieren, und durch Gebete allein ist eine Lösung von persönlichen Problemen unmöglich. Im Umgang mit Gleichgläubigen bemerken wir, daß sie gar nicht so freundlich und liebevoll sind, wie wir dies bisher unterstellt haben. All diese Dinge nehmen wir wahr, wir möchten sie aber nicht wahrhaben und verdrängen sie.[4] Weil wir glauben wollen, daß der Gott unserer Glaubensgemeinschaft alle Probleme für uns löst und daß seine Auserwählten (nahezu) frei von Fehlern sind, ignorieren wir unsere Wahrnehmungen bzw. biegen sie so zurecht, daß sie mit unserem Wunschdenken übereinstimmen. Dieser Zustand läßt sich auf Dauer nicht aufrechterhalten. Häufen sich Mißerfolge und Enttäuschungen, dann fehlt irgendwann die Kraft, sie noch positiv umzudeuten. Das Stadium der Begeisterung geht zu Ende, eine Stagnation (Stillstand) tritt ein.

Zweites Stadium: Stagnation

Der Übereifer der ersten Phase hat sich gelegt. Immer noch arbeiten wir für die »Sache Gottes«, doch nicht mehr mit derselben Kraft und demselben Elan wie bisher. Pflichtbewußt besuchen wir die Gottesdienste, übernehmen weiterhin uns übertragene Aufgaben der Gemeinschaft, beten und missionieren. Doch unsere Einstellung hat sich ein Stück weit geändert. Woran liegt das? In unserem naiven Gottesverständnis (siehe das magische Denken) meinten wir zunächst, Gott würde uns an die Hand nehmen und das Leben für uns regeln, wenn wir nur »schön artig« sind. Gott aber erfüllte unsere Hoffnungen, Sehnsüchte, Wünsche und Erwartungen nicht. Dies werten wir unbewußt als ein Zeichen seiner Unzufriedenheit mit uns. Wir fühlen uns gekränkt durch Gott, weil wir doch alles taten, um seine Liebe zu bekommen. Eine ähnliche Kränkung haben wir schon einmal erlitten durch unsere Eltern, die uns zurückwiesen. Zur Tragik einer solchen Kränkung bemerkt Peter Schellenbaum:

> Elternliebe kann nicht erzwungen werden. Hat sie gefehlt, bemüht sich die Tochter oder der Sohn manchmal ein Leben lang, sie zu gewinnen (...) So bleibt er (oder sie) ein abhängiges Kind und verhindert seine Entwicklung.[5]

Noch aber ist die Kränkung nicht tief genug und die Angst vor Bestrafung überwiegt, so daß wir uns nicht gegen den Gott unserer Glaubensgemeinschaft (und damit gegen die Eltern) und die Gruppe auflehnen. Wir kommen daher weiterhin unseren Verpflichtungen in der Gemeinde nach und identifizieren uns auch noch weitgehend mit dem religiösen Deutungssystem. Merkmale dieses Stadiums sind:

Reduziertes Engagement

Bei der Übernahme von neuen Aufgaben halten wir uns zurück und lassen anderen den Vortritt. Der überwiegende Teil der frei verfügbaren Zeit wird zwar immer noch in den Dienst der »heiligen Sache« gestellt, doch verspüren wir auch zunehmend ein Ruhe- und Rückzugsbedürfnis. Mit diesem Verhalten versuchen wir auch, die Aufmerksamkeit der anderen auf uns zu ziehen und Zuwendung zu erhalten. Sie sollen sich um uns sorgen und die bisher verrichtete Arbeit wertschätzen.

Veränderung der Wahrnehmung

Die bisher glorifizierende Sichtweise von den Mitgliedern der Gemeinschaft relativiert sich. Wir bemerken zunehmend die negativen Anteile an den anderen »Auserwählten«. Auch beginnen wir zu spüren, daß uns der bedingungslose Einsatz für die Belange der Gruppe nicht weiterbringt in unserer Entwicklung. Aus der Freude, mitarbeiten zu dürfen, wird zunehmend die Last, mitarbeiten zu müssen.

Beharren auf exakte Einhaltung
von Glaubensregeln und Vorschriften

Eine gewisse Unnachsichtigkeit gegenüber den Glaubensgenossen schleicht sich bei uns ein. Wir fordern von ihnen die gleiche Disziplin im Hinblick auf das Einhalten der Glaubensregeln und der auf die äußere Ordnung zielenden Vorschriften (z. B. Kleiderordnung oder Reinigen des Kirchengebäudes), wie wir sie haben. Häufig erleben wir uns in einer belehrenden Rolle und ermahnen andere, nicht nachlässig zu werden im Glauben. Hinter diesem Verhalten verbirgt sich zum einen die latente Angst, den Sicherheit gebenden Glauben zu verlieren. Zum anderen haben wir Aggressionen gegen das religiöse System, das seine Glückseligkeitsversprechen nicht einlöst.

Drittes Stadium: Frustration

Eine tiefe Enttäuschung macht sich in uns breit. Wir kennen jetzt die Strukturen unserer Glaubensgemeinschaft gut und merken, daß es dort nicht nur um Spiritualität, sondern auch um Geld, Macht und Ansehen geht. Statusunterschiede fallen uns auf, und wir fragen uns, ob diese Zustände gottgewollt sind. Vielleicht wird jemand in der Gemeinde höher geachtet als andere, weil er eine Amtsfunktion wahrnimmt und/oder über viel Geld verfügt. Widersprüche fallen uns auf zwischen dem, was gepredigt wird und wie sich die Prediger verhalten. Merkmale dieses Stadiums sind:

Verlust der Empathie (Einfühlungsfähigkeit)

Bisher teilten wir Kummer, Leid und Sorgen mit unseren Glaubensgeschwistern und spendeten ihnen Trost. Dazu sind wir jetzt nicht mehr in der Lage. Wir können es kaum ertragen, die Auserwählten als Menschen mit Defiziten und Fehlern zu sehen, die wie andere auch ihren Vorteil suchen, egoistisch sind und gegen Gebote verstoßen. Widersprüche bauen sich in uns auf, und die Frage stellt sich, weshalb Gott solche »Zustände« zuläßt. Um nicht noch mehr Defizitäres an den Mitgliedern der Gruppe erkennen zu müssen, distanzieren wir uns innerlich von ihnen. Wir lassen Gefühle wie z. B. Mitleid oder Fürsorge nicht mehr zu, um die emotionale Bindung zur Gruppe zu lockern. Dahinter steckt die Angst vor immer neuen Enttäuschungen und vor der Erkenntnis, sich für eine falsche Sache entschieden zu haben.

Verlust an Idealismus

In unserer Glaubensgemeinschaft schienen wir unser Seelenheil gefunden zu haben. Hier, so meinten wir, sei alles von Gott geregelt und geordnet, und wir müßten nur die »göttlichen Vorgaben« erfüllen, um glücklich zu werden. Auf einmal passen Wunschbild und Wirklichkeit nicht mehr zusammen. Gott ist nicht so, wie wir ihn sehen wollen, und die Mitglieder unserer Gruppe auch nicht. Wie reagieren wir darauf? Wie damals als Kinder mit Gekränktsein und Trotz. Diese Reaktionsmuster konnten wir in der frühen Kindheit nicht abarbeiten und durch reifere (z. B. die Diskussion suchen, Widersprüche aufzeigen, sachlich argumentieren usw.) ersetzen, weil die Umwelt es nicht zuließ. Wird ein Kind im Alter von ca. 18 – 24 Monaten in der Ausführung eines Planes, einer Tätigkeit gestört, verzweifelt es oft und reagiert mit Zorn und Trotz. Wir wollen an unserem Idealbild von Gott festhalten und werden trotzig, weil es zunehmend zerstört wird. Um keinen Preis aber möchten wir unseren »Ideal-Gott« verlieren. Dies würde bedeuten, keinen Halt zu haben und Gott auch in sich selbst suchen zu müssen. Mit unserem Trotz zeigen wir unsere Handlungsunfähig- und Hilflosigkeit, an deren Ende die Apathie steht.

Widerstand

In der Phase der Begeisterung erfüllten wir bedingungslos die Wünsche und Forderungen der Gemeinschaft. Jetzt wehren wir diese ab, wenn es irgendwie möglich ist. Mit Argumenten wie »Die anderen können ruhig auch einmal etwas tun« oder »Ich brauche mehr Zeit für mich« grenzen wir uns ab. Dabei fühlen wir uns schuldig und denken insgeheim, daß eine solche Haltung von Gott nicht belohnt werden kann. Durch Drohbotschaften der Gemeinschaft wird das Gefühl, sich vor Gott in das Unrecht zu setzen, noch verstärkt. Dies bewirkt, daß wir doch immer wieder für das religiöse System arbeiten, wenngleich wir uns jetzt gezwungen fühlen. Der Glaube wird zur Last.

Viertes Stadium: Apathie

Den Zustand der Frustration können wir auf Dauer nicht ertragen, weil wir Angst vor der Erkenntnis haben, daß es den Gott unserer Vorstellung nicht gibt und die Gemeinschaft, mit der wir uns identifizieren, nur eine von vielen ist, die die »Wahrheit« hat.

Um uns vor einem emotionalen Zusammenbruch zu schützen, werden wir apathisch, d. h. wir lassen uns von dem, was um uns herum geschieht, innerlich nicht mehr berühren. Dieses Verhaltensmuster haben wir in unserer Herkunftsfamilie gelernt. Immer dann, wenn der Seelenschmerz zu groß wurde, z.B. wenn wir uns zurückgewiesen fühlten oder sexuell mißbraucht wurden, »schalteten« wir unsere Gefühle ab. Margaret Smith schreibt im Hinblick auf sexuellen Mißbrauch:

> Sie (die Kinder, Anm. d. Verf.) sind von Erwachsenen zum bloßen Überleben völlig abhängig, so daß sie sich nicht erlauben können, die überwältigende Hilflosigkeit und die Schmerzen zu fühlen, die auf den Mißbrauch folgen. Sie können körperlich nicht entkommen, aber oft entfliehen sie seelisch.[6]

Das Abschalten der Gefühle kann bei jeder Form des Mißbrauchs, also auch bei religiösem Mißbrauch erfolgen. Es ist dann die einzige Möglichkeit, psychisch zu überleben. Die Apathie ist zunächst wie ein Schutzwall für unsere Seele. Doch wir vermeiden damit wieder einmal die Auseinandersetzung mit der eigenen Person. Charakteristische Merkmale dieses Stadiums sind:

Depersonalisierung

In diesem psychischen Ausnahmezustand haben wir das Gefühl, als wären wir uns selbst fremd und empfinden unseren Körper und unsere Gedanken als nicht zu uns gehörig. Man glaubt, verrückt geworden zu sein, weil sowohl ein Körper- als auch ein Identitätsbewußtsein fehlen. Ein Betroffener schildert seine Depersonalisierungserfahrung folgendermaßen:

> Ich löste mich einfach auf, und es schien mir, als würde mich der Ventilator, sobald er anlief, einfach aus meinem Körper herausholen. Es gab kein Ich mehr auf dem Bett (...) Ich hatte mich aufgelöst.[7]

Depersonalisierungen treten im Gefolge von existenziellen Bedrohungen auf, z. B. im Krieg, nach schweren Unfällen oder nach sexuellem und religiösem Mißbrauch. Häufig gehen sie mit Angstattacken, Panik und Depressionen einher und sind Ausdruck eines inneren Zusammenbruchs. Konnten wir bisher unsere tiefsitzende Angst, verlassen zu werden, immer wieder verdrängen, so funktioniert jetzt das Abwehrsystem der Seele nicht mehr. Eine Flut bedrückender Gedanken und Gefühle überwältigt uns, so wie riesige Wellen des Ozeans bei Sturm über ein kleines Boot hinwegbrausen und es zu vernichten drohen. In uns entsteht ein Chaos, das nicht mehr ertragen werden kann. So bleibt in diesem existentiellen Augenblick nur noch die Möglichkeit der Selbstdistanzierung. Wir betrachten uns aus der Perspektive eines Beobachters, als würden wir einen Film über uns selbst sehen. Dadurch kann der tiefe seelische Schmerz im Moment besser ertragen werden. Die Depersonalisierung kann Sekunden andauern, aber auch Jahre.

Dissoziative Amnesie

Das Hauptmerkmal einer dissoziativen Amnesie ist die Unfähigkeit, sich an traumatische bzw. sehr belastende Ereignisse des eigenen Lebens zu erinnern.[8] Bestimmte Aspekte unserer Lebensgeschichte sind uns plötzlich nicht mehr oder nur lückenhaft präsent. So kann es z. B. sein, daß wir nichts mehr von Leiderfahrungen aus der Kindheit oder von Kränkungen, die uns Mitglieder unserer Gemeinschaft zugeführt haben, »wissen«. Alles Belastende scheint »gelöscht«, doch meist bleibt eine innere Unruhe und Ratlosigkeit, die ein Indiz dafür ist, daß unser Unterbewußtsein noch Zugang zu den Traumata hat. Wie bei der Depersonalisierung ist die dissoziative Amnesie eine Überlebensstrategie, die uns vor einem potentiellen Suizid bewahrt. Was verdrängt wird, dringt aber irgendwann wieder in das Bewußtsein bzw. äußert sich in körperlichen Erkrankungen, so daß unser Leiden damit nicht aufhört.

Durch das Flüchten in eine Wahnwelt vermeiden wir – wie im Zustand der Depersonalisierung und dissoziativen Amnesie auch – die Auseinandersetzung mit uns selbst. Wir begeben uns in eine andere Wirklichkeit, die das Leben erträglich macht. Dies kann so weit gehen, daß wir glauben, von Gott als einzige Person in der ganzen Welt eine besondere Botschaft erhalten zu haben, die wir an die Menschen weitergeben müssen.[9] Im Wahn ist die Welt eindeutig für uns und dadurch erträglicher. Unser Leben reduziert sich im Wesentlichen auf das »Wahnthema«, das uns beschäftigt. Andere Bereiche unseres Leben verlieren an Bedeutung. Häufig korrespondiert die wahnhafte Störung mit Depressionen und Zwängen, d. h. unsere beiden Grundängste werden durch das Eintauchen in eine andere Realität nicht ganz verdrängt. Sie sind latent noch vorhanden. Durch bestimmte Situationen wie z. B. das Hören eines Kirchenliedes oder das Sehen einer Kirche unserer Glaubensgemeinschaft können die Grundängste wieder in das Bewußtsein dringen und uns mit großer Vehemenz mit der eigenen Person konfrontieren.

Die vier Stadien der religiösen Abhängigkeit müssen nicht zwangsläufig alle durchlaufen werden. Es kann durchaus sein, daß wir z. B. im zweiten oder dritten Stadium bzw. dazwischen stehenbleiben. Viele Menschen sind enttäuscht von ihrer Glaubensgemeinschaft und leiden unter deren Strukturen. Sie wagen aber nicht den Schritt nach draußen, weil sie insgeheim fürchten, dafür von Gott bestraft zu werden. So versehen sie »treu und brav« ihre kirchlichen Dienste und demonstrieren vor den anderen Mitgliedern Gläubigkeit und Rechtschaffenheit. Mit allen Mitteln versuchen sie, die sie quälenden Ängste zu unterdrücken und betäuben oft ihre religiöse Sucht durch Alkohol- oder Medikamentenmißbrauch.

Denkbar ist auch, daß man im Stadium der Begeisterung aus der religiösen Abhängigkeit durch Hilfe von außen herausgelöst werden kann. Hugo Stamm bemerkt dazu:

Erfahrungen zeigen nämlich, daß Betroffene zu Beginn der Phase I (Anwerbung) relativ leicht aus der Gruppe gelöst werden können, weil die Indoktrination erst nach einer gewissen Zeit zu wirken beginnt.[10]

In vielen Fällen werden alle Stadien der religiösen Abhängigkeit durchlebt, weil die Betroffenen sich ganz und gar auf ihr religiöses Bezugssystem fixiert haben und dort ihr »Seelenheil« suchen. Die Welt »da draußen« wird als feindlich wahrgenommen, und der Gedanke, sich dort Hilfe zu holen, liegt fern. So gipfelt die religiöse Abhängigkeit in völliger Apathie bzw. endet in einem Suizid.

In folgendem Schaubild sind die Stadien religiöser Abhängigkeit zusammengefaßt:

Begeisterung	Stagnation	Frustration	Apathie
		Fließende Übergänge	⟶
Hyperaktivität	Reduziertes	Verlust der Ein-	Deperso-
Gefühl der	Engagement	fühlungsfähigkeit	nalisierung
Unentbehrlichkeit	Veränderung der	Verlust an	Dissoziative
Gefühl, nie Zeit zu	Wahrnehmung	Idealismus	Störung
haben		Widerstand	Wahnhafte
Verdrängung von			Störung
Mißerfolgen und			
Enttäuschung			

Anmerkungen

1. Die Stadien religiöser Abhängigkeit wurden in Anlehnung an das Burnout-Modell von Edelwich übernommen und inhaltlich modifiziert. Siehe dazu Edelwich, J., Brodsky, A.: Ausgebrannt, Salzburg 1984.
2. Sogenannte Sekten und Psychogruppen. Die Mun-Bewegung. Herausgegeben im Auftrag des Bundesministeriums für Familie, Senioren, Frauen und Jugend vom Bundesverwaltungsamt, Köln 1996, S. 16.
3. Schmidbauer, Wolfgang: Helfen als Beruf. Die Ware Nächstenliebe. Reinbek bei Hamburg 1992, S. 39.

4. Unter dem Begriff Verdrängung »versteht man das Ausstoßen von Trieb-
    ansprüchen, Gedanken oder Wünschen, die das Gewissen nicht zulas-
    sen will, aus dem Bewusstsein.« Siehe dazu Schenk-Danzinger, Lotte:
    Entwicklungspsychologie, Wien 1988, S. 212.
5. Schellenbaum, Peter, a.a.O., S. 68.
6. Smith, Margaret: Gewalt und sexueller Missbrauch in Sekten, Zürich
    1994, S. 62.
7. Singer, Margaret, Thaler, Lalich, Janja: a.a.O., S. 177.
8. Siehe dazu Weltgesundheitsorganisation. Internationale Klassifikati-
    on psychischer Störungen, ICD 10, Kapitel V (F), klinisch-diagnosti-
    sche Leitlinien, Bern 1993, S. 175-176.
9. Siehe dazu Diagnostisches und statistisches Manual psychischer Stö-
    rungen, a.a.O., S. 354.
10. Stamm, Hugo, a.a.O., S. 145.

Die Manipulationstechniken religiöser Gruppen

Im vorigen Kapitel wurden die Stadien religiöser Abhängigkeit dargestellt. Jetzt geht es darum aufzuzeigen, wie destruktive religiöse Gruppierungen arbeiten, um Menschen von sich abhängig zu machen. Ansprechbar sind vor allem, wie dies weiter oben schon ausgeführt wurde, Menschen mit einer durch frühkindliche Erfahrungen hervorgerufenen Neigung zu Depressivität und Zwanghaftigkeit. Die Sekte greift exakt unsere tiefsitzenden Ängste auf, indem sie diese anspricht, vertieft und scheinbare Lösungen anbietet. Durch ihre Art und Weise mit uns umzugehen, wird sie unbewußt zum Elternersatz, der uns helfen soll, von unseren Grundängsten loszukommen. Wir möchten die Wunden von damals heilen, als wir Zurückweisung und Ablehnung erfuhren, und so suchen wir über die Identifikation mit der religiösen Gruppe die Versöhnung, die Harmonie mit den realen Eltern bzw. wichtigen Bezugspersonen. Folgende Methoden und Manipulationstechniken kommen in vielen destruktiven religiösen Gruppen zum Einsatz:

Mentale Programmierung *(Gehirnwäsche)*[1]

Mentale Programmierung ist eine zielgerichtete Einflußnahme auf unser (Unter)bewußtsein. Die destruktive Gruppe möchte uns für ihre Zwecke gefügig machen und setzt unterschiedlichste Manipulationstechniken ein. Dieser Prozeß der Indoktrination unserer Psyche vollzieht sich schleichend. Durch die permanente Anwendung psychologischer und physiologischer Techniken verändert sich zunehmend unsere Wahrnehmung von der Welt, und damit auch unsere Einstellung zum Leben. Zu den Methoden der mentalen Programmierung gehören:

Milieukontrolle

Die Kommunikation innerhalb der religiösen Gruppe wird kontrolliert. Häufig ist es verboten, Kritik oder Zweifel und Befürchtungen zu äußern. Die Mitglieder werden aufgefordert, diejenigen zu melden, die von der Lehre abweichen oder sich nicht an Regeln halten. Kontakt mit Verwandten und Freunden wird verboten bzw. als schädlich für die spirituelle Entwicklung dargestellt.

Manipulation der Sprache

Sprache schafft Bewußtsein, und dies machen sich religiöse Gruppen zunutze. Die gruppeninterne Sprache erfüllt den Zweck, das Denken der Mitglieder einzuengen und sie innerlich an die Gemeinschaft zu binden. Irgendwann wird fast nur noch in der Sprache der Glaubensgemeinschaft gedacht und gesprochen. Dies bewirkt eine starke innere Bindung an diese und eine Abgrenzung nach außen. Man baut u. U. mit der Zeit geistig ab, weil sich der bisher zur Verfügung stehende Wortschatz weitgehend auf den Gruppenjargon reduziert. Komplexe Überlegungen und Schlußfolgerungen sind nur noch eingeschränkt möglich, da sie die Verknüpfung möglichst vieler Worte voraussetzen.

Forderung nach Reinheit

Im Sinne des Schwarz-Weiß-Denkens bezeichnet sich die Gruppe als »gut«, »erleuchtet«, »von Gott auserwählt«, und alle Außenstehenden sind »böse« und »diabolisch«. Unser Handeln wird nach diesen einfachen Kriterien bewertet. Wir sind nur dann rein und gesegnet, wenn wir das tun, was unsere Glaubensgemeinschaft verlangt. Sobald wir beginnen, die Welt komplexer zu sehen, entstehen Schuldgefühle, und wir kehren in das scheinbare Sicherheit gebende Schwarz-Weiß-Denkmuster zurück.

Vordergründig wird von den Führern die Beichte, d. h. das Einge-
stehen von Zweifeln, Kritik oder belastenden Gefühlen, für die
Mitglieder als Möglichkeit dargestellt, sich psychisch entlasten zu
können und innerlich frei zu werden. Tatsächlich aber dienen die
gewonnenen Informationen dazu, uns in den Griff zu bekommen
und die Bindung an die Gruppe emotional zu verstärken, indem
man Schuld- und Schamgefühle weckt. So sagt man vielleicht, wir
müßten noch mehr beten, inniger für die »heilige Sache« eintreten
usw., dann würden wir uns zunehmend besser fühlen und zur »Erleuchtung« kommen. Die Beichte erfüllt die Funktion einer Ge-
sinnungsmanipulation. Im Gespräch mit dem »Beichtvater« werden wir immer wieder darüber belehrt, daß unser früheres Leben
schlecht war und die Rückkehr in die Herkunftsfamilie in den geistigen Tod führen würde.

Mystizistische Manipulation

Wir haben das Empfinden, unsere euphorischen Gefühle während
eines Gottesdienstes oder einer Veranstaltung der Glaubensgemeinschaft seien spontan entstanden als Folge der Einwirkung »himmli-
scher Kräfte«. De facto aber werden sie durch äußerlich beeindruk-
kende Zeremonien, inszenierte Frömmigkeit und gleichgeschalte-
tes Verhalten der Mitglieder hervorgerufen. Derselbe Prozeß wurde
auf anderer Ebene initiiert, als Göbbels im Dritten Reich seine dem-
agogischen Reden hielt und die Massen in Hysterie verfielen. Im
Führer der Gruppe sehen wir den Heilsbringer für unsere Seele und
identifizieren uns mit seiner scheinbaren Omnipotenz.

Vorrang der Lehre gegenüber dem Menschen

Die Lehre der Gruppe wird als absolut hingestellt. Man fordert
uns auf, die eigene Lebensgeschichte umzudeuten und aus dem
Blickwinkel der Dogmatik der Gruppe zu betrachten. Dies kann

z. B. bedeuten, daß wir einen schweren Autounfall im nachhinein nicht als Resultat eines Fehlverhaltens deuten, sondern als von Gott geschicktes Ereignis zur inneren Läuterung und Reifung. Diese Neuinterpretation der eigenen Biographie bewirkt, daß wir zunehmend die Realität der Gruppe übernehmen und unsere bisherigen Erfahrungen und Gefühle ignorieren. Kommen dennoch Zweifel in uns auf, werden wir darauf hingewiesen, daß wir spirituell noch nicht weit entwickelt sind und zukünftig viele Belehrungen benötigen, um die »göttliche Wahrheit« zu erkennen.

Wissenschaftsgläubigkeit

Manche Gruppierungen »belegen« ihren Glauben wissenschaftlich. Es wird behauptet, es ließe sich nachweisen, daß es nur eine Wahrheit, einen Weg zur Erlösung gebe. So wird z. B. die Bibel mißbraucht, indem ihre Inhalte auf die Glaubenslehre zurechtgebogen werden.[2] Andersgläubigen wird Unwissenschaftlichkeit und »Verdrehung spiritueller Tatsachen« vorgeworfen. In vielen Fällen beschönigen die Gurus und personifizierten Heilsbringer ihre Biographie und berichten von persönlichen Begegnungen mit Gott, der sie ausersehen hat, die Menschheit zu erretten. So behauptet etwa San Myung Mun, der Führer der Vereinigungskirche, anhand der Bibel nachweisen zu können, daß es Jesus nicht gelungen sei, die Menschheit zu erlösen. Er sei deshalb von Gott dazu beauftragt, die Menschheit von der Macht des Teufels zu befreien.[3]

Zu- und Aberkennung der Existenzberechtigung

Nur die Mitglieder der religiösen Gruppe sind auserwählt vor Gott. Alle anderen Menschen sind minderwertig. Eine solche Sichtweise hat häufig fatale Wirkungen auf die Gläubigen. Sie meinen, das moralische Recht für sich beanspruchen zu können, Andersgläubige zu bekämpfen, zu täuschen oder zu betrügen um der »heiligen Sache« willen. Dies kann so weit gehen, daß man bereit ist, Menschen zu töten, die sich kritisch über die Gruppe äußern und deren Absolutheitsanspruch in Frage stellen. Das elitäre Kollektivbewußtsein erzeugt eine starke Bindung des einzelnen an die »Gemeinschaft der Auserwählten«. Wer die Gruppe verläßt, so wird den Mitgliedern gesagt, gehört zwangsläufig zu den Verdammten und Verlorenen. Derjenige, der den Ausstieg wagen will, muß sich der Irrationalität dieser Drohbotschaft bewußt werden.

Trance und Hypnose

Trance ist ein Zustand, in welchem unsere bewußte Wahrnehmung von der Welt und von der eigenen Person ausgeschaltet ist. Was wir hören und sehen, wird nicht reflektiert und beurteilt. Das kritische Denken ist ausgeschaltet. Unser Gehirn schaltet auf »ungefilterten Empfang« von Botschaften, d. h. wir halten für wahr, was uns gesagt wird. Im Wachzustand besitzen wir eine gewiße Kritikfähigkeit. Diese ist im Trancezustand aufgehoben. Durch Techniken wie z. B. Hypnose, herbeigeführte Erschöpfung oder Meditation können solche veränderten Bewußtseinszustände hervorgerufen werden, in denen wir äußerst empfänglich sind für die Botschaften der Gurus und spirituellen Führer.
Bei der Hypnose unterscheidet man ein direktes und ein indirektes Vorgehen.[4] Viele destruktive Gruppen arbeiten mit der indirekten Methode, auch moderne Hypnose genannt. Hier werden die Mitglieder oder potentiell Interessierte in ein freundliches und unverfängliches Gespräch involviert. Der Hypnotiseur beobachtet exakt, wie sich die Körperhaltung, die Stimme, die Gestik und Mimik durch die von ihm ausgesprochenen Botschaften verändert. So erkennt er, wann der Zeitpunkt gekommen ist, um den Betroffenen für die religiösen Botschaften empfänglich zu machen. Allmählich setzt der Hypnotiseur indirekte Aufforderungen ein, wie z. B. »Wer zu Gott kommen will, muß seine Gesandten annehmen«. Durch Techniken wie das »pacing« (zeitverzögertes Spiegeln der Körperhaltung des Gegenübers, um Ver-

trauen zu schaffen) und das leading (Hinführen auf das gewünschte Ziel) wird das Opfer subtil an die vom Hypnotiseur gewünschte Thematik herangeführt. Der Hypnotiseur arbeitet parallel mit Bildern, Metaphern und Symbolen, um den Betroffenen auf die spirituellen Botschaften einzustimmen. Er setzt eine indirekte posthypnotische Suggestion ein, d. h. erzählt z. B. davon, daß in der Welt »diabolische Zustände« herrschen und die Menschen so nicht weiterleben können. Das Opfer merkt sich diese Geschichte und leitet daraus unbewußt einen Auftrag ab, im Sinne der Sekte dem »Übel« abzuhelfen.

Weitere Techniken bei der indirekten Hypnose sind Generalisierungen und Paradoxien. Bei Generalisierungen wird etwas gesagt, das auf allgemeinen Erfahrungen beruht wie z. B. »Wir alle brauchen Liebe«. Solche Botschaften kann der Zuhörer meist bejahen, und er gewinnt Vertrauen zum Hypnotiseur. Durch die Paradoxie-Technik wird der Zuhörer mit Aussagen konfrontiert, die in sich widersprüchlich sind. Bei dem Versuch zu verstehen, was gesagt wurde, entstehen beim Opfer Irritationen, die für manipulative Botschaften empfänglich machen. Ein Beispiel für eine Paradoxie lautet: »Gott liebt alle Menschen, er vernichtet alle Ungläubigen«.

Manche destruktiven Gruppen arbeiten eher verdeckt. Sie sagen ihren Mitgliedern z. B. nicht direkt, daß alle Menschen schlecht sind, die ihre Heilsbotschaften ablehnen. Vielmehr weisen sie darauf hin, daß ein »gottgefälliges« Leben nur für diejenigen möglich ist, die sich mit der »Sache Gottes« identifizieren und sich für sie einsetzen. Die Betroffenen leiten dann unbewußt die gewünschte Schlußfolgerung »Die Gruppe ist von Gott auserwählt, die ungläubige Außenwelt von Gott verstoßen« ab.

Die indirekte Hypnose kann auch durch »geführte Imagination«[5], d. h. durch das Erzählen von Geschichten, die beim Zuhörer innere Bilder und Phantasien entstehen lassen, herbeigeführt werden. Die Zuhörer werden von intensiven Gefühlen überflutet und geraten in einen Zustand höchster Empfänglichkeit für die Suggestionen des spirituellen Führers. Dieser setzt Techniken wie z. B. einen regelmäßigen, beruhigenden Sprachrhythmus, häufige Wiederholungen oder phantasieanregende Metaphern ein.

Emotionale Manipulation

Destruktive Gemeinschaften machen sich Prozesse zunutze, die ablaufen, wenn Menschen sich in Gruppen zusammenfinden. Häufig geschieht es, daß neue Gruppenmitglieder sich unkritisch den Gruppennormen und Verhaltensmustern anpassen und sich dadurch Schritt für Schritt unmerklich in ihrem Wesen verändern. Nach Cialdini[6] sind es sechs psychologische Prinzipien, die Menschen in den Sog einer religiösen Gruppe ziehen können:

Konsistenz

Die Gruppe nimmt einem Interessenten das Versprechen ab, noch einmal zu kommen und erneut das spirituelle Angebot zu prüfen. Der Betroffene empfindet einen moralischen Zwang, sein Versprechen einzuhalten, um nicht als »Lügner« dazustehen.

Reziprozität

Die Gruppe kümmert sich am Anfang sehr intensiv um den Neuling, lädt ihn z. B. zum Essen ein oder schenkt ihm etwas. Dadurch fühlt er sich zu Gegenleistungen verpflichtet, die wiederum Zuwendungen durch die Gemeinschaft hervorrufen.

Außenorientierung

Wer neu in die Gruppe kommt, sieht viele Menschen, die bestimmte Verhaltensmuster zeigen. Man paßt sich an diese an und ahmt sie nach, um den Erwartungen zu entsprechen und Zuwendung zu erhalten.

Der Führer der Gemeinschaft vermittelt Sicherheit. Er »weiß« genau, was wann zu tun ist und wie man zur Erlösung kommt. Häufig ist er eine Projektionsfläche für die Sehnsucht des Betroffenen nach Liebe und Geborgenheit.

Zuneigung

Durch »love-bombing«, d. h. intensive Zuwendung, wird der neu Hinzugekommene positiv auf die Gruppe eingestimmt. Er fühlt sich angenommen und wertvoll. In diesem angenehmen Zustand ist man leicht bereit, sich der religiösen Lehre und den damit verbundenen Verhaltensregeln unterzuordnen.

Knappheit

Die Gruppe macht deutlich, daß es nur einen Weg zur Vollkommenheit, zum Seelenheil gibt und dieser eingeschlagen werden muß, um ein kosmisches Bewußtsein bzw. Seelenheil zu erlangen. Durch eine solche Botschaft kann bei potentiellen Interessenten ein großes Verlangen entstehen, sich auf das spirituelle »Angebot« einzulassen und der Gruppe beizutreten.

Physiologische Methoden

Hyperventilation

Atmet man über längere Zeit so schnell und so tief wie möglich, so wird ein Abfall des Kohlendioxidspiegels im Blut hervorgerufen. Schwindel und Benommenheit können z. B. die Folge sein. Man verliert die Fähigkeit zu klarem strukturiertem Denken und Urteilen. Weitere Symptome können Taubheit in den Fingern, Schwitzen, Herzrasen, Ohrensausen, Zittern, Angst- und Panik-

gefühle sein sowie Muskelkrämpfe, Druck auf der Brust und Herz-
rhythmusstörungen. Auch Ohnmacht kann eintreten. Sekten mißbrauchen diese Ausnahmezustände von Menschen, indem sie ihnen
einreden, sie hätten wichtige und wunderbare spirituelle Erfahrungen während der »Atemübungen« gemacht. Wollen die Betroffenen
über ihre während der Übungen entstandenen Ängste reden, wird
ihnen abgesprochen, solche belastenden Gefühle empfunden zu
haben.

In Meditationsräumen wird den Gläubigen gezeigt, wie sie atmen
müssen, damit sie »spirituelle Erfahrungen« machen. So kann eine
Gruppenhysterie entstehen, bei der einer den anderen beobachtet,
wie er beginnt zu hyperventilieren. Man fühlt sich symbiotisch mit
allen verbunden und entwickelt ein Gefühl der Nähe zur Gruppe.

Repetitive Bewegung

In manchen Gruppen werden die Mitglieder dazu animiert, für längere Zeit Schaukelbewegungen durchzuführen, sich im Kreis um
die eigene Achse zu drehen oder zu singen und dabei mit den Händen zu klatschen. Rhythmisches Trommeln sowie Hintergrundmu-
sik dienen als zusätzliche Stimulanz, um die Gläubigen in eine Art
Trancezustand zu führen.

Eingriffe in das Ernährungsverhalten

Besonders asiatische Gruppen legen viel Wert auf vegetarische
Kost. Wer bisher Fleisch und Fisch aß und so z. B. seinen Eiweiß-
bedarf abdeckte, muß sich ganz umstellen. Am Anfang können
starke Darmbeschwerden auftreten, die von den Führern als »Zeichen der Sündhaftigkeit« gedeutet werden. Gewöhnt sich der Körper allmählich an die neue Kost und das körperliche Wohlbefinden
bessert sich, so wird den Gläubigen gesagt, dies sei ein Zeichen
für eine gewisse erreichte innere Reife. Nun könne der Betroffene
die Anweisungen des Führers recht verstehen und sie in die Tat
umsetzen.

Die Mitglieder müssen den ganzen Tag über hart arbeiten, unterbrochen von längeren Phasen des Betens bzw. der Meditation. Nachts müssen sie mehrmals aufstehen und Rituale ausführen. Da es keine längeren Ruhephasen gibt, wächst das Schlafdefizit permanent. Die Gläubigen werden empfänglich für Suggestionen und religiöse Parolen des Führers. Durch das Schlafdefizit können belastende Ereignisse nicht ausreichend verarbeitet werden, weil zu wenig Zeit vorhanden ist, um sich über Träume mit diesen auseinanderzusetzen. Eine Reizüberflutung setzt ein. Die Gläubigen werden immer orientierungsloser. Dies machen sich die Führer zunutze, indem sie Instruktionen geben, wie zu denken, zu fühlen und zu handeln ist.

Direkte Einflußnahme auf den Körper

Dazu gehören z. B.:
- Druck auf die Augäpfel, um den Sehnerv zu überreizen, damit er Lichtblitze erzeugt, die als Signal einer höheren Macht gedeutet werden.
- Druck auf die Ohren, bis ein »göttliches Summen« zu hören ist.
- Schmerzzufügung durch Druckausübung auf empfindliche Körperteile wie etwa das Zwerchfell oder den Gaumen, weil durch Schmerz das Bewußtsein »erweitert« wird.

Entspannungsinduzierte Angst

Meditation kann eine beruhigende und entspannende Wirkung haben, aber auch Angst und ein inneres Chaos auslösen. In letzterem Fall hat der Meditierende irritierende Empfindungen. Er fühlt sich z. B. in einem Schwebezustand oder meint, immer tiefer zu sinken. Hitze- oder Kältegefühle, Taubheit oder Nervenzucken können ebenfalls auftreten sowie Herzrasen, beunruhigende Gedanken, Trauer und Wut. Äußern die Meditierenden ihre belastenden Empfindungen, werden sie von den Führern ange-

halten, sich daran nicht zu stören, sondern einfach weiterzuma-
chen, weil sie noch lernen müßten, »richtig« zu meditieren und
die »göttlichen Impulse« zu spüren.

Der Zusammenhang zwischen den Manipulationstechniken religiöser Gruppen und den menschlichen Grundängsten

Weshalb gelingt es destruktiven religiösen Gruppen, Menschen zu
manipulieren und zu Befehlsempfängern zu degradieren? Sie setzen an dem Punkt der Entwicklungsgeschichte eines Menschen
an, an dem er stehengeblieben ist. Erinnern wir uns: Vor allem
Menschen mit depressiven und zwanghaften Persönlichkeitsmerk-
malen fühlen sich besonders häufig von Sekten angesprochen. Sie
suchen in einer für sie bedrohlichen und unüberschaubaren Welt
einen Platz der Sicherheit und Geborgenheit, an welchem die in
der Kindheit erworbenen Ängste erträglich sind. Die klaren auto-
ritären Strukturen und die »Heilsgewißheit« der Gemeinschaft
haben geradezu eine magische Wirkung auf die Psyche. Unbewußt
repräsentiert die Gemeinschaft Vater und/oder Mutter. Man will
die Beziehung zu den Eltern klären, indem man über die Gruppe
indirekt die Auseinandersetzung mit ihnen sucht.
Der Psychologe Erik H. Erikson hat die einzelnen Entwicklungsphasen des Menschen von der Geburt bis zum Tod beschrieben.
Werden vor allem die frühen Phasen nicht erfolgreich bewältigt,
so kann dies zu psychischen Belastungen und zur Bildung von starken Ängsten führen. Erikson beschreibt die ersten vier Stufen der
Sozialisation (Persönlichkeitsbildung) des Kindes folgendermaßen:

Phase 1

1. Lebensjahr: Urvertrauen gegenüber Mißtrauen
(»Ich bin, was man mir gibt.«)
Das Kind ist völlig abhängig von der Fürsorge der Eltern. Es lernt
entweder Vater und Mutter zu vertrauen oder entwickelt einen tie-

fen Argwohn gegenüber ihnen. Das Urvertrauen entsteht dann, wenn das Kind spürt, daß es, so wie es ist, geliebt und angenommen wird. In diesem Fall fühlt sich das Kind wertvoll und wichtig. Es entwickelt die Fähigkeit, später auch anderen vorurteilsfrei und offen zu begegnen. Verweigern die Eltern dem Kind Zuwendung, Geborgenheit und emotionale Wärme, so entwickelt dieses ein negatives Selbstbild. Es nimmt sich zunehmend als hassenswert wahr und spricht sich, wenn es älter geworden ist, die eigene Existenzberechtigung ab.

Phase 2

2. und 3. Lebensjahr: Selbständigkeit gegenüber Zweifel
(»Ich bin, was ich will.«)
Das Kind hat im Unterschied zur Phase 1 jetzt einen wesentlich größeren Aktionsradius. Es kann laufen und ein Stück weit auch seine Bedürfnisse artikulieren. Erlauben die Eltern dem Kind, die Welt zu entdecken und seine geistigen und motorischen Fähigkeiten einzusetzen, entwickelt das Kind zunehmend Selbständigkeit. Es erfährt sich als kompetent und selbstsicher im Umgang mit seiner Umwelt. Erlebt das Kind eine permanente Einengung durch die Bezugspersonen, indem ihm permanent vermitttelt wird »Das darfst du nicht und das darfst du nicht«, entstehen tiefe Selbstzweifel. Der Gedanke setzt sich fest, nichts richtig machen zu können und immer auf die Hilfe der Eltern bzw. Bezugspersonen angewiesen zu sein. Ein gesundes Selbstwertgefühl kann nicht entstehen.

Phase 3

4. und 5. Lebensjahr: Initiative gegenüber Schuldgefühlen
(»Ich bin, was ich mir zu werden vorstellen kann.«)
In diesem Lebensabschnitt sucht das Kind auch den Kontakt nach außen zu Gleichaltrigen (z. B. im Kindergarten). Sein Sprachvermögen hat sich im Vergleich zur 2. Phase noch einmal beträchtlich

erweitert. Die motorische Geschicklichkeit hat zugenommen und es kann aufgrund des Wachstums des Gehirns und der damit einhergehenden Erhöhung der Verarbeitungskapazität von Informationen seine Eltern und soziale Umwelt differenzierter wahrnehmen als in den vorherigen Entwicklungsstufen. Wird es dem Kind gestattet, die Auseinandersetzung mit seiner Umwelt zu suchen, d. h. z. B. mit anderen Kindern zu spielen, Konflikte auszutragen, seine Geschicklichkeit zu testen, Grenzen zu erfahren usw., so kann es Initiative entwickeln und damit sich selbst erfahren. Verbieten die Eltern dem Kind die Konfrontation mit der Umwelt, indem sie es einengen und es daran hindern, an der Welt und ihren Aktivitäten teilzuhaben, entstehen im Kind Schuldgefühle. Immer wenn sich in ihm das Bedürfnis regt, z. B. seinen Bewegungsdrang auszuleben, zu streiten oder »Streiche« zu spielen, hört es »sozusagen Gottes Stimme, ohne Gott zu sehen«.[7] Gottes Stimme ist die der Eltern, deren Ermahnungen, Belehrungen und Drohungen zum Bestandteil der kindlichen Psyche geworden sind. Darüber hinaus beginnt das Kind, sich für seine »bösen Gedanken« und seine von den Eltern nicht bemerkten »Taten« schuldig zu fühlen.

Phase 4

6. bis 11. Lebensjahr: Leistung gegenüber Minderwertigkeit (»Ich bin, was ich lerne.«)

In diesem Stadium kommt das Kind in die Schule. Es interessiert sich dafür, wie die Dinge funktionieren. Das Kind möchte, daß man ihm zeigt, wie es sich produktiv mit seiner Lebenswelt auseinandersetzen kann. Es sucht auch die Gemeinschaft der Gleichaltrigen, mit denen es spielen und sich messen will. Darüber hinaus will es beweisen, daß es ein Partner für seine Eltern sein kann und in der Lage ist, Konflikte z. T. auch ganz allein zu lösen. Unterdrücken die Eltern den Versuch des Kindes, sich selbst zu beweisen, daß es wertvolle Leistungen für sich und andere erbringen kann, führt dies zu starken Minderwertigkeitsgefühlen. Das Kind spricht sich selbst die Fähigkeit ab, ein nützliches Mitglied der Gesellschaft zu sein. Es fühlt sich nutzlos.

Menschen, die sich von destruktiven religiösen Gruppen angesprochen fühlen, haben die vier von Erikson beschriebenen Entwicklungsstufen meist als äußerst belastend erlebt, weil sie Einengung, Mißachtung und Ablehnung erfuhren. Sie konnten weder Selbstvertrauen noch ein gesundes Selbstwertgefühl entwickeln. Dadurch hinderte man sie daran, seelisch zu reifen und erwachsen zu werden. Sekten machen sich diesen großen Nachholbedarf nach Liebe, Geborgenheit, Schutz und Sinnhaftigkeit zunutze, indem sie mit ihren Seelenfängermethoden die Betroffenen in gewissem Sinn in die kindlichen Entwicklungsphasen 1 bis 4 zurückführen und deren unerfüllte und unbewußt vorhandenen Bedürfnisse ansprechen.

Im Folgenden wird dargestellt, daß die jeweiligen Manipulationstechniken nicht nur von destruktiven Gruppen eingesetzt werden, sondern auch zum Repertoire erzieherischer Maßnahmen von Eltern gehören können, die ihren Kindern gegenüber in den Phasen 1 bis 4 eine lieblose und ablehnende Haltung einnehmen. Es geht also um die Frage, in welchen Phasen seiner Entwicklung das Kind (unter negativen Erziehungsbedingungen) empfänglich ist für Manipulationstechniken, die auch von destruktiven Glaubensgemeinschaften angewandt werden.

Manipulation der Sprache
(Empfänglichkeit des Kindes in Phasen 1, 2, 3, 4)
Die Eltern/Bezugspersonen begegnen dem Kind mit einer bestimmten familieninternen Sprache, an die sich das Kind allmählich gewöhnt und die es für »normal« hält. Merkmale dieser Sprache sind Strenge, Kritik am Kind und das Aufstellen klarer Ge- und Verbote.

Mystizistische Manipulation
(Empfänglichkeit des Kindes in Phase 1)
Durch ihre dominante Art wirken die Eltern mächtig auf das Kind, das in ihnen übernatürliche Kräfte vermutet und sie mystisch verklärt, zumal es völlig von ihnen abhängig ist.

Trance und Hypnose
(Empfänglichkeit des Kindes in Phase 1)
Im 1. Lebensjahr erlebt das Kind viele Situationen, die Trancezuständen ähneln. Es lebt in einer Welt zwischen Wachen und Träumen, und seine ganze Aufmerksamkeit ist völlig darauf konzentriert, die komplizierte Welt zu begreifen. Es erlebt die Eltern als »allmächtig«. Die Eltern vermitteln dem Kind durch die Art und Weise, wie sie mit ihm umgehen, wie sie zu ihm stehen. Sie sprechen entweder mit sanfter oder harter Stimme mit dem Kind, zeigen durch ihre Gestik, Mimik und Körperhaltung, welche Einstellung sie zu ihm haben. Dadurch wird das Kind in starkem Maße beeinflußt. Es entwickelt ein erstes Bild von sich. Menschen, die in destruktive Gruppen geraten, haben in dieser frühen Entwicklungsstufe schon ihre ersten Leiderfahrungen gesammelt und sehnen sich als Erwachsene in diesen frühen Zustand zurück, um die Entwicklungsstufe zu wiederholen, und zwar so, daß sie einen positiven Ausgang nimmt.

Emotionale Manipulation
(Empfänglichkeit des Kindes in Phasen 1, 2, 3, 4)
Die Eltern prägen entscheidend die Entwicklung des Gefühlslebens ihres Kindes mit. Im Falle einer rigiden Erziehung koppeln sie das Geben von Zuwendung daran, daß das Kind Leistungen erbringt, also die Forderungen der Eltern genau erfüllt. Das Kind lernt, daß emotionale Zuwendung an Bedingungen geknüpft ist.

Repetitive Bewegung
(Empfänglichkeit des Kindes in Phasen 1, 2)
Kleine Kinder, die wenig oder gar keine Zuwendung erhalten, führen häufig Schaukelbewegungen durch, um sich selbst zu beruhigen und mit sich in Einklang zu kommen.

Eingriffe in das Ernährungsverhalten
(Empfänglichkeit des Kindes in Phasen 1, 2, 3, 4)
Die Abhängigkeit des Kindes von seinen Eltern zeigt sich auch in biologischer Hinsicht. Es benötigt Nahrung von seinen El-

tern. Diese Nahrung erhält es nicht mehr »automatisch« wie im Mutterleib, sondern es muß signalisieren, wenn es hungrig ist. Die Eltern steuern im gewissen Sinn, was das Kind essen und darf und was nicht. Sie vermitteln dem Kind, welche Speise gut« und welche »schlecht« ist.

Schlafentzug
(Empfänglichkeit des Kindes in Phasen 1, 2, 3, 4)
Das (kleine) Kind hat ein erhöhtes Schlafbedürfnis. Wird dies von den Eltern nicht berücksichtigt, entsteht ein Schlafdefizit. Belastende Situationen können im Traum nicht be – und verarbeitet werden. Das Kind entwickelt erst gar nicht die Fähigkeit, sich in seiner Umwelt zurechtzufinden und gerät in eine fatale Abhängigkeit zu seinen Bezugspersonen, von denen es sich Hilfe beim Versuch der inneren und äußeren Orientierung erhofft.

Hyperventilation
(Empfänglichkeit des Kindes in Phasen 1, 2, 3, 4)
Hyperventilation kann beim Kind durch die Angst entstehen, von seinen Eltern verlassen zu werden und ungeliebt zu sein. Es gerät in einen anhaltenden inneren Spannungszustand, der sich dann auch körperlich z. B. in starkem Herzklopfen, Zittern oder Druck auf der Brust zeigen kann.

Milieukontrolle
(Empfänglichkeit des Kindes in Phasen 2, 3, 4)
Der Aktionsradius des Kindes wird durch die elterliche Macht festgelegt. Sie bestimmen, wann und ob das Kind in Kontakt tritt mit seiner Umwelt und wie es sich zu verhalten hat.

Entspannungsinduzierte Angst
(Empfänglichkeit des Kindes in Phasen 1, 2)
Diese Angst entsteht z. B. dann, wenn die Eltern auf die Signale des Kindes nach Zuwendung und Liebe nicht reagieren, d. h. sein Schreien oder Weinen ignorieren. Irgendwann ist das Kind physisch erschöpft und scheinbar ruhig. Innerlich aber ist es voller Angst.

Forderung nach Reinheit
(Empfänglichkeit des Kindes in Phasen 2, 3, 4)
Gut und böse, richtig und falsch werden durch die Eltern definiert.
Hat das Kind nicht die Möglichkeit, sich ein eigenes Bild von seiner Umwelt zu machen und in gewissem Sinn – soweit es in diesem Alter möglich ist – selbst zu bestimmen, wie etwas zu bewerten ist, werden die Eltern zu absoluten Instanzen, ohne die nichts
richtig gemacht werden kann.

Beichtkult
(Empfänglichkeit des Kindes in Phasen 2, 3, 4)
Eltern, deren Erziehungsziel die Kontrolle ihres Kindes ist, werden es dazu auffordern, ungehorsames Verhalten zu gestehen und
dafür Reue zu zeigen. Sie vermitteln ihrem Kind, daß sie ihm nur
zu seinem Wohle helfen können, wenn es alles sagt, was es vorhat
bzw. schon getan hat.

Wissenschaftsgläubigkeit
(Empfänglichkeit des Kindes in Phasen 2, 3, 4)
Stellen die Eltern ihre Ansichten und Sichtweisen über das Le-
ben als die Wahrheit hin, so bleibt dem Kind häufig keine andere
Wahl, als dies als Maßstab für das eigene Leben zu nehmen.
Wagt es einmal, einen eigenen Weg zu gehen, wird es von den
Eltern mahnend darauf hingewiesen, daß dies »ein böses Ende«
nehmen kann.

Vorrang der Lehre gegenüber den Menschen
(Empfänglichkeit des Kindes in Phasen 3, 4)
Die Eltern vermitteln dem Kind, wie sie zum Leben und zur Welt
stehen. Das Kind hat aufgrund seines Entwicklungsstandes im
wesentlichen eine andere Wahrnehmung von der Welt. Wird dem
Kind das Recht darauf abgesprochen, seine Umwelt mit anderen
Augen als seine Eltern zu sehen, wird ihm die Wahrnehmungsfä-
higkeit abgesprochen. Es gewinnt die Überzeugung, daß es seinen
Gefühlen, Bedürfnissen und Wünschen nicht trauen kann und auf
die Hilfe der Eltern bei der Interpretation der Wirklichkeit angewiesen ist.

Zu- und Aberkennung der Existenzberechtigung
(Empfänglichkeit des Kindes in Phasen 2, 3, 4)
Ist das Erziehungsziel der Eltern absoluter Gehorsam des Kindes, so hat es nur dann eine Existenzberechtigung, wenn es dem »Anforderungsprofil« der Eltern entspricht. Um von den Eltern nicht abgelehnt zu werden, bemüht es sich darum, deren Bedingungen zu erfüllen. Basis der elterlichen Beziehungen zum Kind ist in diesem Fall nicht die Liebe zu diesem, sondern es sind Bedingungen, die das Kind erfüllen muß.

Die humanistische Psychologie geht davon aus, daß Menschen bewußt oder unbewußt danach streben, belastende Lebensereignisse, die sie bisher nicht bewältigen konnten, im nachhinein zu verarbeiten:

> Es müssen viele »unerledigte Geschäfte« aus der Vergangenheit erledigt werden, (...) bis man im Hier und Jetzt leben kann.[8]

Religiöse Gruppen mit destruktiver Ausprägung vermitteln den Betroffenen unbewußt das Gefühl, sie könnten nur mit deren Hilfe die Belastungen aus der Vergangenheit bewältigen und inneren Frieden gewinnen. So wird verständlich, daß sich viele Mitglieder von den Führern und Gurus wie Kinder an die Hand nehmen lassen, gehorsam den Forderungen der Gruppe nachkommen und bedingungslos glauben, was ihnen gesagt wird.

Anmerkungen

1. Siehe dazu Singer, Margaret Thaler, Lalich, Janja: a.a.O., S. 100 ff.
2. Siehe dazu Gasper, Hans et al.: Lexikon der Sekten, Sondergruppen und Weltanschauungen, Freiburg 1995, S. 154-156.
3. Siehe dazu Flasche, R.: Hauptelemente der Vereinigunstheologie. In Kehrer, Günter (Hrsg.): Das Entstehen einer neuen Religion. Das Beispiel Vereinigungskirche, München 1981, S. 59ff.
4. Siehe zu den Formen der Hypnose Schütz, Gerhard: Hypnose in der Praxis. Über das Phänomen der Trance, Paderborn 1997, S. 33 ff.
5. Siehe dazu Singer, Margaret Thaler, a.a.O., S. 189 ff.

6. Siehe dazu Cialdini, Robert B.: Einfluß. Wie und warum sich Menschen überzeugen lassen, Landsberg/Lech 1984.
7. Erikson, Erik H.: Identität und Lebenszyklus, Frankfurt 1993, S. 94.
8. Kriz, Jürgen: Grundkonzepte der Psychotherapie, Weinheim 1991, S. 184.

Schritte zur Heilung
religiöser Abhängigkeit

Wer in religiöse Abhängigkeit geraten ist, empfindet, wenn ihm die Situation bewußt wird, meist Trauer, Wut, Scham, Verzweiflung, Angst, Aggressionen und (Selbst)haß. Es ist so, als wäre man mit einem kleinen Boot auf einem Ozean und würde von den Wellen hin- und hergetrieben, ohne etwas tun zu können. Diese übermächtigen Gefühle versetzen uns in einen Zustand völliger Hilflosigkeit. Um unser Leben in den Griff zu bekommen, müssen wir zum Steuermann unseres Lebens werden und lernen, die Verantwortung für uns selbst zu übernehmen.

Der Weg, der zur seelischen Gesundung führt, ist individuell verschieden. Die im Folgenden beschriebenen Schritte zeigen daher *eine* Möglichkeit unter mehreren zur Heilung religiöser Abhängigkeit auf. Sie wurden in der Beratungsarbeit mit Betroffenen entwickelt und haben sich dort bewährt.

Erster Schritt: Sich seinen Ängsten stellen

Wer sich von einer destruktiven religiösen Gruppe lösen will, muß sich mit seinen Grundängsten auseinandersetzen und lernen, mit ihnen umzugehen. Die Trennung von der Gemeinschaft kostet große psychische Energien, denn sie verstärkt die unterschwellig vorhandene Angst, verlassen zu werden. Es kommen z. B. die Gedanken »Wenn ich gehe, dann habe ich niemand mehr, der sich um mich kümmert« oder »Vielleicht ist es doch Gottes Werk, das ich verlasse, und Gott wird mich für meinen Unglauben bestrafen«. Dadurch werden wir verunsichert und blockiert in unserem Streben nach Freiheit.

Darüber hinaus fürchten wir uns vor der Welt außerhalb der Gruppe, die unüberschaubar, komplex und feindlich erscheint. Sie konfrontiert uns mit der Angst, den Überblick zu verlieren. Um wirklich frei zu werden von der religiösen Abhängigkeit, müssen wir ein Mittel finden, um diese Ängste auszuhalten. Dazu gehört zum einen, diese nicht zu unterdrücken, sondern sie als Ausdruck unseres momentanen seelischen Zustandes zuzulassen. Zum anderen ist es erforderlich, an unseren Ängsten zu arbeiten. Gina Kaestele schreibt im Hinblick auf Angstbewältigung:

> Es gehen Ihnen täglich rund 5.000 bis 10.000 Gedanken durch den Kopf. Sie können sich bestimmt vorstellen, daß Ihr Allgemeinbefinden nicht gerade gefestigt wird, wenn ein Viertel dieser Gedanken um Gefühle von Angst und Hilflosigkeit kreist (...) Eine Veränderung ist nur möglich, wenn Sie Ihre Gedanken aufmerksam beobachten.[1]

Falls Sie vor Ihren Ängsten flüchten, z. B. durch erhöhten Alkoholkonsum oder »Rückfall« in eine neue sinnstiftende Exklusivgemeinschaft, werden Sie keinen inneren Frieden finden und immer vor sich davonlaufen. Aus diesem Grund ist zunächst einmal die Beschäftigung mit der Frage wichtig, weshalb wir Angst haben und was wir selbst tun können, um sie zu besiegen.

Machen Sie sich bitte klar: Unsere Gedanken beeinflussen entscheidend die Entwicklung von Angst. Wie oft haben Sie vielleicht gedacht: »Ich habe Angst, daß ich nicht gut genug bin für Gott« oder »Ich bin es nicht wert, geliebt zu werden« oder »Ich werde mein Leben nicht in den Griff bekommen«. In der religiösen Gruppe hat man Ihnen vermittelt, daß Sie nichts können ohne die Gemeinschaft, daß Sie den Führern gehorchen müssen und eigenständiges Denken und Handeln schädlich für die spirituelle Entwicklung ist. Jetzt ist es wichtig, daß Sie anfangen, diese negativen Botschaften zu hinterfragen und ihre Schädlichkeit erkennen.

Beispiel:
Der Gedanke kommt, jetzt von Gott »verdammt« zu sein, weil man die Gemeinschaft verlassen hat. Hinterfragen Sie diesen Gedanken und sagen Sie sich: »Meine Erfahrungen mit der Gruppe XY sind äußerst belastend. Ich habe dort Kränkungen und Verletzungen erfahren. Für mich kann diese Gemeinschaft nicht der Weg zu Gott, zur Erlösung sein. Selbst wenn ich mich irren sollte, was

eigentlich auszuschließen ist, wird Gott mich nicht verstoßen, denn er ist die Liebe. Folgende Übungen können Ihnen z. B. helfen, mit den Ängsten umzugehen:

Gedankenumdeutungstechnik

Versuchen Sie, aufkommende negative Gedanken durch positive zu ersetzen. Wenn Ihre innere Stimme Ihnen z.B. sagt: »Du schaffst es nicht ohne die Gruppe« formulieren Sie diese Botschaft um in: »Ich brauche die Gruppe nicht mehr und werde mein Leben aus eigener Kraft in den Griff bekommen.«

Stopschild-Übung

Atmen Sie tief ein und aus und stellen Sie sich ein rotes Stopschild vor. Konzentrieren Sie sich besonders auf das Ausatmen und sehen Sie dabei vor Ihrem geistigen Auge das Wort »Stop« und lassen Sie dieses Wort mit dem Atem herausfließen. Dehnen Sie gedanklich das Wort »S T O P«, damit es eindringlicher auf Ihr Bewußtsein einwirkt. Sie können mit dieser Technik negativen Gedanken entgegenwirken und sie dann durch positive ersetzen, wie bei der Gedankenumdeutungstechnik beschrieben.

Karteikartentechnik

Besorgen Sie sich Karteikarten und schreiben Sie auf die eine Seite jeweils Gedanken, die Ihnen Angst machen und auf die andere Seite dieser Angst entgegenwirkende Gedanken.

Beispiel
Ich habe Angst,
von Gott bestraft zu werden

Ich bleibe ganz ruhig und werde mir bewußt, daß Gott alle Menschen liebt, also auch mich. Ich weiß, daß er mich versteht.

Mit Hilfe der Kärtchen üben Sie die der Angst entgegenwirkenden Gedanken so lange ein, bis Sie diese verinnerlicht haben und in entsprechenden Angstsituationen einsetzen können. In einem Karteikasten können Sie die Kärtchen sammeln und immer wieder auf diese zurückgreifen. Die Kärtchen müssen in belastenden Situationen einfach umgedreht werden. Dann können Sie die von Ihnen entwickelten Angstbewältigungsstrategien einsetzen.

Im Rahmen dieses Buches kann nicht ausführlicher auf Angstbewältigungsstrategien eingegangen werden. Inzwischen gibt es viele psychologische Ratgeber, die sich mit dieser Thematik befassen und im Buchhandel erhältlich sind.

Hilfreich für die Angstbewältigung ist es auch, sich einer Selbsthilfegruppe anzuschließen, in der sich Menschen zusammenfinden, die in religiöse Abhängigkeit gerieten. Im Anhang finden Sie die Adressen von solchen Gruppen.

Die Selbsthilfegruppe ist keine Dauerlösung. Sie stellt ein Zwischenstadium dar auf dem Weg zur inneren Freiheit. Wie in der religiösen Gruppierung auch kann sie einen gewissen Halt geben und das Gefühl vermitteln, nicht allein zu stehen mit seelischen Belastungen. Prüfen Sie bitte beim Besuch einer Selbsthilfegruppe kritisch, ob die Selbsthilfe wirklich im Vordergrund steht. Manchmal geschieht es, daß sich dort die gleichen Strukturen wie in der religiösen Gemeinschaft, in der Sie waren, herausbilden. In diesem Fall wäre der Anschluß an eine solche Gruppe schädlich. Sie erkennen solche eher schädlichen Selbsthilfegruppen z. B. daran, daß sie einen Führer haben, nach dem sich die anderen Mitglieder ausrichten, an fehlender Toleranz gegenüber Meinungen, die von denen der Mehrheit abweichen, und an rigiden Gruppenregeln, die denen der religiösen Gemeinschaften ähneln.

Zusammenfassend läßt sich sagen, daß im ersten Schritt einerseits die Konfrontation mit den eigenen Ängsten und andererseits der Kontakt zu einer Gruppe wichtig ist, die einen Bezugsrahmen darstellt, der Sicherheit gibt. Dies muß nicht zwangsläufig eine Selbsthilfegruppe sein. Hilfreich ist möglicherweise auch eine andere Gruppe, ein Verein, eine Organisation. Entscheidend ist, daß Sie nach dem Austritt nicht in ein tiefes Loch fallen, sondern durch Aktivitäten das sichere Gefühl entwickeln, daß Sie das Leben in den Griff bekommen.

Zweiter Schritt: Trauern

Das Verlassen der Gruppe und das Zurückgeworfensein auf die eigene Person kann Trauer und auch Depressionen zur Folge haben. Psychische Symptome von Trauer und Depressionen sind häufig:

> Traurige Verstimmung, Angst, Gereiztheit, Hoffnungslosigkeit, Gefühl des eigenen Ungenügens, innere Leere, Denkhemmung, Apathie oder innere Unruhe, Entscheidungslosigkeit, Schuldgefühle.[2]

Hinzu kommen meist körperliche Symptome wie z. B. Müdigkeit, Druck in der Herz- oder Magengegend, Einschlafstörungen.

Trauer ist nicht nur als belastender Zustand zu sehen, sondern kann auch Ausdruck einer beginnenden Verarbeitung der eigenen Biographie sein. Wir werden uns zunehmend darüber bewußt, daß wir inneren Frieden nur in uns selbst herstellen können und uns bisher an Menschen geklammert haben, von denen wir erwarteten, sie müßten uns sagen, wie wir zu leben haben: die Eltern und andere wichtige Bezugspersonen, die Mitglieder der religiösen Gruppe, der spirituelle Führer oder »Meister«. Wir trauern um die nicht erhaltene Elternliebe, um die »verlorene« Zeit, die wir in der religiösen Gruppe verbracht haben, um uns selbst.

Entscheidend ist es, Trauer zunächst einmal zuzulassen und auszuhalten. So belastend dieser Zustand auch ist, wir bekommen dadurch Zugang zu bisher verschütteten Gefühlen und spüren uns als Person.

Entlastend wirkt, wenn man mit vertrauten Menschen über seine Trauer und die häufig damit einhergehenden Depressionen sprechen kann. Wenn Sie das Gefühl haben, professionelle Hilfe zu benötigen, scheuen Sie nicht davor zurück, therapeutischen Rat in Anspruch zu nehmen.

Machen Sie sich bitte bewußt, daß der Prozeß der Gesundung zwar von außen angestoßen werden kann, in Ihnen allein aber die heilenden Kräfte liegen.

Die Bewältigung von Trauer und Depressionen kann z.B. dadurch erleichtert werden, daß Sie

– sich viel bewegen (z. B. Spaziergänge machen, sportlich aktiv sein), weil durch Bewegung offenbar die Aktivität des Gehirns angeregt wird und Botenstoffe gebildet werden, die der Depression entgegenwirken.
– bei frühem Erwachen sofort aufstehen und eine Aktivität beginnen, weil die Gefahr besteht, daß Ihnen sonst die psychische Kraft fehlt, das Bett zu verlassen.
– einen klar strukturierten und geregelten Tagesablauf festlegen, der innere Ruhe verschafft.
– einen Brief an sich selbst schreiben, um sich zu entlasten.
– mit Ihnen vertrauten Menschen vereinbaren, daß Sie diese möglichst jederzeit anrufen und mit ihnen reden können, wenn der seelische Druck zu groß wird.

Dritter Schritt: Wut zulassen können

Depressionen sind eine Wut/Aggression nach innen. Zu einem bestimmten Zeitpunkt der Auseinandersetzung mit der eigenen Person weicht diese häufig einer nach außen gerichteten Wut. Dies ist in vielen Fällen ein Indiz für den beginnenden Heilungsprozeß. Wir entwickeln negative Gefühle denen gegenüber, die uns gekränkt, verletzt und gedemütigt haben.

Wutgefühle treten zum ersten Mal beim Kleinkind auf, wenn es etwa 3 bis 4 Monate alt ist, »und zwar als Reaktion auf Bedrohungen oder bei Versagung von Wünschen und Bedürfnissen«.[3] Möglicherweise mußten Sie schon früh die Erfahrung machen, daß Ihre als Kleinkind gezeigten Wutäußerungen von den Eltern hart sanktioniert wurden, obwohl sie Hilferufe nach Zuwendung und Liebe gewesen sind. Es wurde Ihnen vermittelt, daß Wut ein unzulässiges Gefühl ist, das bestraft wird. Bei einem solchen Erziehungsstil wird Wut nur unterdrückt.

Vielleicht spüren Sie Ihre Wutgefühle ausschließlich körperlich z. B. im Magen und können sie nicht ausagieren. Die Wut, die sich nicht entladen kann, geht aber gegen die eigene Person. Deshalb ist es wichtig, zu lernen, diese nach außen zu zeigen und sie sich zu »gestatten«. Es kann z. B. zunächst hilfreich sein, wenn Sie ganz allein für sich sind, laut zu schimpfen, die Wut herauszuschreien, ein »Wutkissen« zu benutzen, auf das Sie einschlagen, um die angestaute körperliche Energie abzubauen. Bitte machen Sie sich klar, daß das Zeigen von Wut in angemessener Form, d. h. ohne anderen zu schaden, von großer Bedeutung für die seelische Gesundheit jedes Menschen ist. Folgende Übungen können Ihnen helfen, Zugang zu Ihren Wutgefühlen zu finden:

Die Wutbefreiungssübung

Kaufen Sie sich eine Packung Luftballons und schreiben Sie jeweils auf jeden Luftballon mit einem schwarzen Filzstift, was Sie wütend macht. Beispielsweise könnte auf einem Luftballon der Name der Gemeinschaft stehen, in der Sie waren oder noch sind, oder ein bestimmtes belastendes Ereignis. Nachdem Sie alle Luftballons beschriftet haben, blasen Sie diese auf und lassen Sie platzen. Nehmen Sie sich für diesen Vorgang bewußt Zeit und stellen Sie sich vor, daß mit jedem Luftballon, der »vernichtet« wird, ein Teil Ihrer inneren angestauten Wut entweicht und Sie eine wohltuende körperlich-seelische Entlastung spüren.

Die Wutanalysetechnik

Suchen Sie sich eine Person Ihres Vertrauens und setzen Sie sich einander gegenüber. Ihr Partner hat zunächst nur die Aufgabe,

Ihnen zuzuhören. Nun beginnen Sie zu sprechen. Der Satzanfang ist immer gleich und lautet folgendermaßen: »Mich macht wütend, daß...« Ihre Aufgabe ist es, möglichst alles, was Sie wütend macht, auszusprechen, z. B. »Mich macht wütend, daß ich in meiner Glaubensgemeinschaft viel zu wenig auf meine eigenen Bedürfnisse geachtet habe. Mich macht wütend, daß ich so schwer nein sagen kann ...« Der Partner hat die Aufgabe, jeweils jeden Satz von Ihnen zu wiederholen. Dadurch wird Ihnen Ihre eigene Aussage noch einmal bewußt gemacht. Im letzten Schritt geht es darum, mit dem Partner zu überlegen, was Sie in Zukunft tun können, um zu vermeiden, daß Ihre Wut wieder nach innen geht und Sie mit Ihrem Verhalten im nachhinein unzufrieden sind. Hilfreich ist es, die entwickelten Ideen, Anregungen und Vorschläge schriftlich festzuhalten, um immer wieder darauf zurückgreifen zu können.

Falls Sie niemanden haben, dem Sie vertrauen, können Sie diese Übung auch allein durchführen, indem Sie Ihre Sätze selbst noch einmal wiederholen und dann allein überlegen, wie Sie Ihr Verhalten zu Ihrer Zufriedenheit ändern können. Achten Sie auf jeden Fall darauf, wie Sie sich während der Durchführung dieser Übung fühlen und brechen Sie diese ab, falls Sie sich dabei seelisch zu sehr belastet sind.

Versuchen Sie auch in Ihrem Bekannten- und Freundeskreis, am Arbeitsplatz usw. Wutgefühle und andere Gefühle nicht zu unterdrücken, sondern sie zum Ausdruck zu bringen. Ihr Körper hilft Ihnen dabei. Fängt beispielsweise bei einer an Sie gerichteten Forderung der Darm an zu revoltieren oder das Herz zu rasen, so ist dies ein Indikator dafür, daß Sie Ihr Unbehagen, Ihren Ärger oder Bedenken angemessen zum Ausdruck bringen sollten. Folgende Strategie kann Ihnen helfen:

1. *Situation bewerten*

   Eine Forderung wird an Sie gerichtet, die Sie nicht erfüllen wollen bzw. Sie fühlen sich von Ihrem Gesprächspartner angegriffen. Stellen Sie sich einmal vor, ein Mitglied Ihrer ehemaligen Glaubensgemeinschaft spricht Sie mit folgenden Worten auf der Straße an: »*Bekehre dich und komme schnell zu uns zurück, du weißt doch, daß das Weltende nahe ist und nur diejenigen von Gott errettet werden, die unserer Gruppe angehören.«*

2. *Gefühlsüberprüfung*
   Um überlegt und zu Ihrer Zufriedenheit auf den obigen Satz antworten zu können, ist eine Gefühlsüberprüfung hilfreich. Bitte lesen Sie sich den obigen kursiv gedruckten Satz noch einmal laut vor. Spüren Sie dann Ihren Gefühlen nach, die durch diesen Satz ausgelöst werden. Vielleicht nehmen Sie eine Wut im Bauch wahr, die sich in einem Druckgefühl im Brustbereich äußert, oder ein anderes Körpersignal. Die Seele reagiert auf äußere Anforderungen wie z. B. belastende Situationen, indem sie Signale zum Körper sendet. Nehmen wir diese Signale bewußt wahr, so helfen sie uns, eine Situation zu interpretieren und zu klären, wie wir reagieren möchten.

3. *Innere Verhaltenssicherheit gewinnen*
   Formulieren Sie nun zunächst gedanklich eine Erwiderung, in der das Gefühl zum Ausdruck kommt, das die Aussage Ihres Gegenübers in Ihnen ausgelöst hat. Auf unser obiges Beispiel bezogen könnte das Gefühl Wut sein. Eine gedankliche Reaktion Ihrerseits könnte dann z. B. lauten: *»Es macht mich wütend, daß du mich als Sünder hinstellst und behauptest, daß alle Menschen verdammt sind, die sich nicht deiner Religionsgemeinschaft anschließen.«*

4. *Das belastende Gefühl direkt ansprechen*
   Nachdem Sie für sich geklärt haben, wie Sie auf den Gesprächspartner reagieren möchten, sprechen Sie nun aus, welche Gefühle dessen Aussage bei Ihnen hervorrief, z.B.: *»Es ärgert mich, daß...«* oder *»Für mich ist es verletzend, wenn Sie...«* oder *»Es macht mich traurig, daß Sie...«* Für unser Beispiel finden Sie unter Punkt 3 eine mögliche Antwort.

5. *Einen Wunsch oder eine Forderung äußern*
   Direkt im Anschluß an Ihre Gefühlsäußerung formulieren Sie
   einen Wunsch oder eine Forderung an den Verursacher der belastenden Gefühle, z. B.: *»Ich möchte, daß Sie ...«* oder *»Ich
   erwarte von Ihnen, daß ...«* oder *»Ich bestehe darauf, daß ...«*
   In unserem Beispiel könnte eine mögliche Antwort so lauten:
   *»Ich möchte, daß du meine Entscheidung respektierst, und er-
   warte von dir, daß du zukünftig alle Missionsversuche unterläßt.«*

Vierter Schritt: Verzeihen

Das Verzeihen, so schreibt es Beverly Flanigan, »ist (...) nur etwas
für die Mutigen, für die, die sich ihrem Schmerz stellen wollen
(...)«[4] Wer verzeihen will, ist gezwungen, sich mit dem Verletzer
und den erlittenen Verletzungen auseinanderzusetzen. Beim Verzeihen geht es zum einen darum, dem Verletzer zu verzeihen, aber
zum anderen auch sich selbst. Verzeihen ist ein Prozeß, bei dem
verschiedene Stadien durchlaufen werden[5]:

1. Stadium: Die Verletzung benennen

In diesem Stadium gesteht man sich ein, verletzt worden zu sein,
und gewinnt für sich Klarheit darüber, welche Folgen die Verletzung für das persönliche Leben hat.

2. Stadium: Die Verletzung für sich beanspruchen

Im zweiten Stadium besteht die Aufgabe darin, sich bewußt der
durch die religiöse Gruppierung/die Eltern erlittenen Verletzung
zu stellen und zu akzeptieren, daß man psychische Beeinträchti-
gungen erlitten hat. Zwei Fragen sind zu bearbeiten: Was genau
hat mich verletzt? Wie kann es gelingen, mit der Verletzung so
umzugehen, daß ich mit dieser leben und mich positiv weiterent-
wickeln kann?

3. Stadium: Den Verletzer anklagen

Das Anklagen des Verletzers erfüllt eine wichtige Funktion, solange es ein Teil des Verzeihens ist. Durch das Anklagen wird dem Verletzten deutlich, worin die eigentliche Verletzung oder Kränkung liegt. Wer anklagen kann, weiß auch, wem er verzeihen muß. Darüber hinaus hat die Anklage eine entlastende Funktion. Man kann innerlich Leid und Verzweiflung beim Verursacher »abladen« und sich so ein Stück weit entlasten.

4. Stadium: Das Ausbalancieren der Waagschalen

In dieser Entwicklungsphase geht es um das aktive Handeln. Prinzipiell stehen vier Möglichkeiten zur Verfügung:

– Die Verletzung als bewältigt betrachten.
– Den Verletzer sanktionieren, ihm zeigen, wie es ist, den Willen eines anderen aufgedrängt zu bekommen. Hier geht es nicht um Rache. Vielmehr soll der Verletzer erfahren, wie grausam es ist, zum Objekt der Bedürfnisbefriedigung eines anderen zu werden, ohne daß man sich wehren kann. Dies kann z.B. dadurch geschehen, daß man den religiösen Mißbrauch über die Medien öffentlich macht und sich gleichzeitig weigert, auf Dialogversuche der Gruppe zu reagieren.
– Sein Leben umstellen, zum Regisseur des eigenen Lebens werden, indem man sich neue Freunde sucht, aktiv ist, z. B. in (Selbst)hilfegruppen, die eigenen Stärken entdeckt und persönliche Leiderfahrungen nutzt, um anderen zu helfen.
– Die Bestrafung Unschuldiger. Wir verletzen andere so, wie wir selbst verletzt wurden. In diesem Fall gehen wir z. B. mit einem Menschen so autoritär und menschenverachtend um wie vielleicht der Führer der Gruppe, in der wir waren, mit uns.

Während die Möglichkeiten 1 bis 3 Chancen für eine persönliche Weiterentwicklung bieten, führt die Realisierung der 4. Strategie dazu, daß wir unseren Haß nicht verarbeiten, sondern immer wieder Opfer suchen, die stellvertretend für den einstigen Verletzer büßen müssen.

5. Stadium: Das Verzeihen wählen

Zwei Aufgaben sind hier zu bewältigen:

— *Erkennen, daß keine Schuld wirklich zurückgezahlt werden kann*
  Damit ist nicht gemeint, von der Schuld Abstand zu nehmen, keinen Anspruch mehr zu erheben auf finanzielle oder andere Mittel, die dem Verletzer zu Verfügung stehen. Wer aber verzeiht, ist nicht mehr abhängig von der Entschuldigung des Verletzers, von seinen Versprechungen oder (Hilfs)angeboten. Man wünscht dem Verletzer auch keinen Schaden mehr.

— *Den Verletzer innerlich loslassen*
  Durch die verletzende Tat werden Opfer und Täter miteinander verbunden. Wer verzeiht, verzichtet auf die Kontrolle gegenüber dem Verletzer. Er macht sich innerlich frei und kann nach vorn blicken in die Zukunft, ohne daß er durch die belastenden Geschehnisse der Vergangenheit in seiner Weiterentwicklung gehindert wird.

Fünfter Schritt: Zu sich selbst finden

Auf dieser Entwicklungsstufe sind wir in der Lage, mit unseren Grundängsten umzugehen und sie als Bestandteil der eigenen Person zu akzeptieren. Wir sind uns darüber bewußt, daß sie uns das ganze Leben begleiten werden. Doch sie haben ihren Schrecken verloren, weil wir sie zulassen und ihnen begegnen können. An die Stelle der Angstverdrängung ist die Angstkonfrontation getreten. Mit unserer bisherigen Lebensgeschichte haben wir Frieden geschlossen und blicken ohne Haß und Verbitterung auf sie zurück. Wir haben uns und anderen verziehen. Die Gegenwart und

Zukunft sehen wir als Chance an zur inneren Weiterentwicklung. Für unser Leben übernehmen ausschließlich wir Verantwortung und benötigen keinen Guru oder spirituellen Meister, keine Eltern mehr, die sagen, was wir zu tun oder zu lassen haben.

Uns ist klar, daß es nicht die eine objektive Wahrheit geben kann, sondern jeweils nur eine subjektive, und daß Toleranz eine enorme Bedeutung für ein harmonisches und konstruktives Zusammenleben von Menschen hat. Früher waren wir aufgrund der Mitgliedschaft in einer elitären religiösen Gruppe der festen Überzeugung gewesen, die Wahrheit zu besitzen. Jetzt hat sie eine subjektive Qualität bekommen: Wahr ist, was wir in einer bestimmten Situation subjektiv als wahr empfinden. Das heißt auch, daß uns unsere Empfindungen und Wahrnehmungen täuschen können.

Selbstbestimmt zu leben – soweit dies in einer Gesellschaft möglich ist – heißt, eine gewisse innere Autonomie zu besitzen. In der religiösen Gruppe waren wir völlig abhängig vom Führer, den Mitgliedern und dem Dogmensystem. Dies hatte zur Folge, daß wir meistens unsere eigenen Bedürfnisse, Sehnsüchte und Wünsche unterdrückten. Wir richteten uns nach den Erwartungen anderer aus und lebten permanent in der Angst, diese nicht erfüllen zu können. Dementsprechend war auch unsere Gottesbeziehung. Immer fühlten wir uns schuldig. Nie gut, nie rein, nie demütig genug waren wir und sprachen uns implizit vielleicht sogar unsere Daseinsberechtigung ab. Diese schädliche und selbstzerstörerische Sichtweise über die eigene Person haben wir verändert. Unser Verhältnis zu Gott hat eine andere Qualität bekommen. Wir sind in einen furchtlosen Dialog mit ihm getreten und gehen davon aus, daß er uns als Partner und Freund begegnet, der uns, falls wir das möchten, begleitet und uns Angebote zur Strukturierung des Lebens macht. Dieses neue Gottesbild macht uns frei, weil Raum da ist für Leben, Lieben, Lachen, ohne dafür mit Strafe rechnen zu müssen.

Vielleicht haben wir uns auch dafür entschieden – im Moment oder für längere Zeit –, ohne Gottbezug zu leben. Die Sinnfrage stellt sich neu. Nach psychologischen Erkenntnissen ist das Leben sinnvoll, wenn wir Ziele und feste Wertvorstellungen haben, unser Leben kontrollieren können und andere Menschen uns vermitteln, daß wir wertvoll und wichtig sind.[6] Sind diese Rahmenbedingungen gegeben, können wir seelisch wachsen und innerlich reifen. Lebenssinn haben kann z. B. bedeuten:

- Etwas Gutes für andere Menschen tun.
- Schaden, den man verursacht hat, wiedergutmachen.
- Immer wieder neu und aktuell bestimmen, was sinnvoll ist.
- Sich in seinem Wesen so anzunehmen, wie man ist.
- Glückbringende, harmonische Beziehungen haben.

Der Sozialpsychologe Kenneth Gergen geht davon aus, daß (Lebens)sinn nur als Ergebnis von Beziehungen denkbar ist.[7] Damit meint er, daß wir andere Menschen brauchen, um zu erfahren, wie wir sind. Durch ihre Reaktion auf unser Verhalten und Handeln zeigen uns Menschen, wie sie uns wahrnehmen. Sie halten uns im übertragenen Sinn einen Spiegel vor, in dem wir lesen können: »So bist du für mich.« Wir sind auf diese Informationen unserer sozialen Umwelt angewiesen, um uns selbst begreifen zu können. (Befriedigende) Beziehungen und Kontakte zu Menschen sind also nach Gergen Voraussetzung für eine Sinnfindung, wobei je nach Beziehung der daraus resultierende Sinn eine andere Qualität hat. Wer z.B. mit seinem Kind kommuniziert, erlebt Sinn wahrscheinlich anders, als dies der Fall ist bei einem Gespräch mit einem Arbeitskollegen.

Sinnfindung ist ein individueller Prozeß. Für jeden Menschen kann Lebenssinn etwas anderes bedeuten. Die Psychotherapeutin Virginia Satir hat einmal eine Erklärung der Selbstachtung geschrieben:

> Ich bin ich. Nirgendwo gibt es jemanden, der genauso ist wie ich. Einige Menschen sind mir in Einzelheiten gleich, aber niemand ist ganz so wie ich. Darum gehört alles, was ich tue, authentisch zu mir (...) Ich gehöre mir selbst, darum kann ich mich gestalten. Ich bin ich und ich bin wertvoll.[8]

Wer gelernt hat, sich anzunehmen und zur eigenen Person zu bekennen, kann der Welt ohne Angst begegnen. Er ist in der Lage, sowohl Zuwendung und Liebe als auch Ablehnung und Kritik so in seine Person zu integrieren, daß die Welt für ihn stimmig und sinnstiftend ist.

Zusammenfassung:

Schritte	Aufgaben	Ziele
1. Schritt	Sich seinen Ängsten stellen	Sich selbst begegnen
2. Schritt	Trauern	Sich auf sich selbst besinnen
3. Schritt:	Wut zulassen	Sich mit anderen konfrontieren
4. Schritt	Verzeihen	Sich und andere loslassen
5. Schritt	Zu sich selbst finden	Sich einen Lebenssinn geben

Anmerkungen

1. Kaestele, Gina, a.a.O., S. 40.
2. Funkkolleg Altern, Studienbrief 3, Studieneinheit 8, Tübingen 1996, S. 33.
3. Hobmair, Hermann (Hrsg.): In Hobmair, H. et al: Psychologie für Fachoberschulen, Köln 1994, S. 270.
4. Flanigan, Beverly: Nicht vergessen und doch vertrauen. Heilung für seelische Wunden, Reinbek bei Hamburg 1994, S. 79.
5. Die einzelnen Stadien des Verzeihens wurden von Beverly Flanigan a.a.O., S. 82 ff. übernommen.
6. Siehe dazu Ernst, Heiko: Auf der Suche nach Sinn, Psychologie Heute, Oktober 1994, S. 23-25.
7. Gergen, Kenneth: Sinn ist nur als Ergebnis von Beziehungen denkbar, Psychologie Heute, Oktober 1994, S. 34 ff.
8. Satir, Virginia: Meine Erklärung der Selbstachtung. In Vopel, Klaus W.: Selbstakzeptierung und Selbstverantwortung Band 2, Hamburg 1979, S. 63.

Literaturempfehlungen

Cialdini, Robert B.: Einfluß. Wie und warum sich Menschen überzeugen lassen, Landsberg/Lech 1984

Davison, Gerald C., /Neale, John M.: Klinische Psychologie, München und Weinheim 1988

Diagnostisches und Statistisches Manual Psychischer Störungen, DSM-IV, Göttingen 1996

Edelwich, J., Brodsky, A.: Ausgebrannt, Salzburg 1984

Eimuth, Kurth-Helmuth: Sekten-Ratgeber. Informationen und Ratschläge für Betroffene, Freiburg 1997

Endbericht der Enquete-Kommission »Sogenannte Sekten und Psychogruppen«, Drucksache 13/10950, Bonn 1998

Erikson, Erik H.: Identität und Lebenszyklus, Frankfurt a. M. 1993

Ernst, Heiko: Auf der Suche nach Sinn, Psychologie Heute, Oktober 1994

Father Booth, Leo: Heilung von religiösem Mißbrauch und religiöser Abhängigkeit. Ein Weg in die spirituelle Freiheit, Spiritual Concepts Limited, Köln 1998

Flanigan, Beverly: Nicht vergessen und doch vertrauen. Heilung für seelische Wunden, Reinbek bei Hamburg 1994

Fromm, Erich: Haben oder Sein, Taschenbuchausgabe, München 1997

Gergen, Kenneth: Sinn ist nur als Ergebnis von Beziehungen denkbar, Psychologie Heute, Oktober 1994

Greb, Ulrike: Psychiatrie, Reinbek bei Hamburg 1995

Jung, C. G.: Was das innere Kind verheißt. In: *Abrams, Jeremiah(Hrsg.):* Die Befreiung des inneren Kindes, München 1996

Kaestele, Gina: Umarme deine Angst, Freiburg 1993

Montada, Leo: Die geistige Entwicklung aus der Sicht Jean Piagets. In: *Oerter, Rolf, Montada, Leo* (Hrsg.): Entwicklungspsychologie, Weinheim 1995

Riemann, Fritz: Grundformen der Angst, München 1975

Ringel, Erwin: Selbstmord – Appell an die anderen, München 1974

Satir, Virginia: Meine Erklärung der Selbstachtung. In: *Vopel, Klaus W.:* Selbstakzeptierung und Selbstverantwortung Band 2, Hamburg 1979

Schellenbaum, Peter: Die Wunde der Ungeliebten. Blockierung und Verlebendigung der Liebe, München 1995

Schmidbauer, Wolfgang: Helfen als Beruf. Die Ware Nächstenliebe, Reinbek bei Hamburg 1992

Singer, Margaret Thaler, Lalich, Janja: Sekten.Wie Menschen ihre Freiheit verlieren und wiedergewinnen können, Heidelberg 1997

Smith, Margaret: Gewalt und sexueller Mißbrauch in Sekten, Zürich 1994

Stamm, Hugo: Sekten – Im Bann von Sucht und Macht, Zürich 1995

Stoffel, Olaf: Angeklagt: Die Neuapostolische Kirche. Erfahrungen eines Aussteigers, Gütersloh 1999

Weltgesundheitsorganisation. Internationale Klassifikation psychischer Störungen, ICD 10, Bern 1993

Adressen von Selbsthilfegruppen und Hilfsorganisationen

Deutschland

Wenn Glaube krank macht
Selbsthilfegruppe für religiös Geschädigte
oder Missbrauchte
c/o Selbsthilfebüro Heidelberg
Alte Eppelheimer Str. 38
69115 Heidelberg
Tel.: 06221/184290
E-Mail: sektexhd@hotmail.com
http://www.shop.de/priv/hp/6003/f

EBIS
Baden-Württembergische
Eltern- und Betroffenen-
Initiative e. V.
Hölderlinweg 10
72663 Großbettlingen
Tel.: 07022/42411

Zwölf Schritte-Selbsthilfegruppe
bei religiöser Abhängigkeit und
religiösem Missbrauch
Kronenstr. 73
89568 Sigmaringen
Tel.: 07332/8840 oder 0171/5325165

Sektenberatung
Bremen e. V.
Postfach 101543
28015 Bremen
Tel.: 04205/1609

VITEM
Verein für die Interessen
terrorisierter Mitmenschen e. V.
Ensheimer Str. 125
66386 St. Ingbert
Tel.: 06894/870452

EBI
Eltern- und Betroffeneninitiative
Sachsen e. V.
Wasserturmstr. 68
04229 Leipzig
Tel.: 0341/8775120

SINUS
Sekteninformation und Selbsthilfe
Rechneigrabengasse 10
60311 Frankfurt am Main
Tel.: 069/1399981

ARTIKEL 4 – Initiative für Glaubensfreiheit e. V.
Postfach 101202
44712 Bochum
Tel.: 02325/60442

Selbsthilfegruppe für AussteigerInnen
aus der Neuapostolischen Kirche
Kibis-Kiss
Bödekerstraße 95
30161 Hannover
Tel.: 0511/6041033

Odenwälder Wohnhof e. V.
Hilfe für Sektenaussteiger
im Odenwälder Wohnhof
Postfach 1348
74712 Buchen

Ausstieg
Initiative für Sektenaussteiger und Betroffene
c/o Nora Herzog
Parkring 2a
76751 Jockgrim
Tel.: 07271/52075

Sekten-Info Essen e. V.
Rat und Hilfe für Betroffene destruktiver Kulte
Heide Marie Cammanns
Rottstraße 24
45127 Essen
Tel.: 0201/234646

Schweiz

Inforel
Information Religion
Winkelriedplatz 6
CH-4053 Basel
Tel.: 061/3613037

SDAK
Schweizerische Arbeitsgruppe gegen destruktive Kulte
Postfach 18
CH-8156 Oberhasli
Tel.: 0041/71-3711112

AGSD
Aufklärungsgemeinschaft über Scientology und Dianetik
Postfach
CH-Zürich

Psychostroika
Postfach 261
CH-8024 Zürich

Österreich

GSK
Gesellschaft gegen Sekten und Kultgefahren
Gesamtösterreichische Elterninitiative
Postfach 218
A-1011 Wien
Tel.: 0043-1-3327537

Verein für Sektenaufklärung
Beratung-Info-Ausstiegshilfe
Arbeiterheimstraße 50
A-4662 Steyrermühl
Tel.: 07613/8798